새 노래로 노래하라

찬송과 예배식

새 노래로 노래하라

찬 송 과   예 배 식

발행일   2024년 7월 15일 초판 1쇄

지은이   김홍전

펴낸이   김진우

펴낸곳   생명나무

전화   02) 977-2780

등록일   2016년 10월 20일

등록번호 318-93-00280

주소   서울특별시 노원구 수락산로(상계동) 258, 502호

홈페이지 www.rcw.kr

총판   (주)비전북출판유통

주소   경기도 고양시 일산서구 덕이동 1347-7

전화   032) 907-3927

팩스   031) 905-3297

The Role of Hymns in Worship

by Hong Chun Kim © Hong Chun Kim's

Heirs 2024, Printed in Korea

ISBN   979-11-985650-2-0 03230

가격   12,000원

생명나무 출판사는 위대한 종교개혁의 정신을 계승하고,
개혁신앙의 유산을 이 시대에 적용하고 확산시키며
후손들에게 상속하기 위해 설립되었습니다.
이러한 거룩한 도전과 모험을 통해서
주께서 영광을 받으시고 주의 백성들이 새롭게 되며,
교회가 참된 권능을 회복하도록 최선을 다하겠습니다.

찬 송 과 예 배 식

새

The Role of Hymns in Worship

노래로

김홍전

노래하라

생명나무

일러두기

- 성경은 주로 개역한글판을 사용했으며 설명의 편의를 위해서 구역을 인용하기도 하고 낱말이나 구절을 다시 번역하거나 설명을 더하기도 하였습니다.
- 성삼위의 한 위(位)의 성호(聖號)인 성령을 저자는 성신(聖神)으로 호칭하였습니다. 성신은 한국교회에서 1960년대까지 널리 사용된 이름이었습니다. 이 책에서는 성신 대신 성령으로 바꾸어 표기하였습니다.

【 김홍전 신학연구회 www.hckims.kr 소개 】

고 김홍전 목사의 가르침을 직접 혹은 간접으로 받은 후학들 일부가 모여 그의 가르침을 연구하고 체계화하여 다시 제시하는 것이 우리의 사명이요 성령님의 인도임을 확신하게 되었습니다. 동시에 우리가 속한 현실과 역사를 성경이 가르치는 교훈으로 더욱 밝혀 나가야 할 필요성을 절감하였습니다. 이런 이유로 우리는 이 시대에 보냄을 받은 자들로서 김홍전 신학연구회를 결성하여 개혁하고 건설해야 할 일들을 힘써 해 나가기로 하였습니다. 주 예수 그리스도를 본받아 섬기는 자세로 신자의 사명을 성실히 수행하기를 소원합니다.

연구회 머리말

종교개혁은 강설과 더불어 찬송이 아주 중요한 역할을 맡았던 시대였다. 로마가톨릭교회에서 종교음악의 형식과 기교가 팽배했던 시대에, 루터와 칼빈의 찬송 개혁은 말씀 중심이었던 초대 교회의 찬송 정신이 회복되고 전파되고 확장하는 데 크게 기여하였다.

루터는 신학자였지만 또한 음악가로서 회중 찬송을 널리 퍼트렸고, 칼빈은 전문가들의 도움을 받아 교회 예배가 음악 자체에 함몰되지 않고 하나님을 찬양하는 것이 되도록 시편 찬송 등을 작곡해서 목적과 기능에 맞게 썼다.

츠빙글리는 훌륭한 연주가이고 작곡가였지만 종교음악에서 로마가톨릭교회의 폐단을 너무도 잘 알고 있었기에 예배시에 말씀에 더욱 집중하게 하려고 아

예 찬송을 부르지 않는 데까지 나아갔다.

B. 배도의 시대와 예배 찬송

배교 시대가 막바지에 치닫듯 더욱 심해지는 지금, 개인주의적이고 상대주의적이며 다원주의적이고 심지어 탈권위주의적인 철학이 더욱 판을 치고 있어 교회의 설교가 그 영향을 받을 뿐만 아니라 그 철학을 그대로 수용한 온갖 인본주의적인 세속 음악이 교회에 가득한 형편이다.

특히 바른 교리와 정서를 담은 참된 예배 찬송은 찾아보기 힘들고 주관적이고 경험적인 간증송과 로큰롤 등을 흉내낸 소위 CCM(Contemporary Christian Music)이라 불리는 센티멘탈한 헤비메탈 류의 노래들이 문화적 적응이란 옷을 입고 교회 안에 들어와 있다.

다소 긍정적인 것은 1990년대를 기점으로 개혁의 바람이 일부에서 일어나 개혁주의적인 강설을 전하고 거기에 어울리는 시편 찬송과 퍽 격조 있는 신령한 찬미를 드리려는 시도가 이루어진 점이다. 그러나 종교개혁의 정신에 따라 예배와 강설과 찬송의 근간과 본질을 이루는 성경적 신학과 그 역사를 알고서 성령을 의지하여 교회아로서 시편 찬송과 신령한 찬미를 거룩하게 드리는지는 잘 알 수 없는 현실이다.

C. 김홍전 박사의 시대 인식

김홍전 박사는 세계교회협의회(WCC) 문제로 한국 교회가 분열된 직후인 1960년대 초에 전세계적인 배교의 상황을 직시하고 사명감을 가지고 역사를 통하여 흐르는 주류의 개혁 신학과 신앙을 회복하고자 성약교회를 시작하였다. 물론 이는 개인의 독단적 판단이 아니라 교회 역사와 세계 역사에 관한 성경적 통찰에 근거한다. 19세기부터 본격화한 성경비평사, 진화론의 발흥, 그리고 1·2차 세계대전의 과정과 결과는 이미 그레샴 메이첸(1923년 『기독교와 자유주의』)이나 루이스 벌코프(1951년 『자유주의 강연』)와 같은 학자를 비롯하여 여러 사람이 동일한 역사적 인식하에 시대의 두려운 성격을 증언한 바 있다. 김홍전 박사는 성약교회를 시작하면서 당대 교회의 총체적 난국 앞에 우선 개혁의 가장 기본적인 것부터 회복하고자 복음과 성령의 인도와 신령한 생활과 교회와 하나님의 나라에 대해 가르치면서 배교 시대에 적실한 강설을 전하고자 힘썼다.

D. 김홍전 박사의 찬송의 정신과 특징

그리고 김홍전 박사는 성경과 신학만 아니라 음악에도 정통한 분으로서 한국 교회의 초창기부터 내려오는 예배식과 부흥회에서 부르던 복음송 위주의 예배 찬송의 문제를 알고, 하나님의 존재와 구속 경륜에 따른 성경과 신앙고백과 교리에 맞는 예배식을 만들었고, 일찍이 식민 시대와 2차 세계대전과 6·25 전쟁 등 참혹한 고난의 역사를 거치는 중에 작곡한 찬송 중에서 예배에 적합한 찬송들을 모으고, 기존의 찬송 중에서 예배에 쓸만한 것들을 선택하여 새롭게 번역하여 사용하였으며 또한 계속해서 새로운 곡들을 작곡하였다. 구약 이스라엘 백성들이 성전에 나아가 하나님을 뵈옵고 하나님께서 받으시는 흠 없는 제사를(1강; 참조. 히 13:15-16; 레 22:17-20 등) 드리고 물러나는 절차를 따라 신약의 위치에서 하나님의 아들이시자 구속주이신 그리스도 중심의 영광송과 성삼위송과 경배송, 그리고 헌상송과 송영의 형식으로 예배 찬송을 구성했다(3강).

예배식을 이루는 다섯 찬송의 중요한 요소는 성경적인 삼위일체 교리를 담은 가사와 그것을 주님의 어전에서 바르게 신앙고백적으로 표현하도록 예술적 정서를 담은 음악인데, 김홍전 박사는 말씀과 성령을 의지하여 그 양면을 아우른 신령하고 아름다운 찬송들을 만들어 예배 순서를 따라 시의적절하게 사용하였다(2강). 유한한 인간의 주관적 감흥에 취한 종교적 정서는 철저히 배제하고 오롯이 구속 경륜을 시작하시고 진행하시고 완성하시는 높으신 삼위 하나님의 인격과 사역만을 흠모하면서 질서 있고 품위 있게 찬송하는 곡들을 새로 만들어 쓴 것이다(참조. 계 5:9-14).

C' 김홍전 박사의 찬송 개혁

본서는 1960년대와 1970년대에 김홍전 박사가 일곱 차례 찬송에 대하여 가르친 내용을 담고 있는데, 그 내용을 살펴보면 성약교회가 새로운 예배식과 찬송을 사용하긴 하지만, 교회 역사의 귀중한 유산을 계승하는 태도를 취하는 것을 잘 알게 된다. 다른 예배식과 찬송을 다 부정하고 우리만 옳다 하는 주장은 저자나 본서에 전혀 어울리지 않는다. 오히려 교회사의 후대를 살아가는 기독교인들로서 바른 유산으로 이어받은 신학과 신앙의 토대 위에서 베푸신 특권에 감사하며 겸손히 책임과 사명을 다하려는 마음으로 새롭게 만든 예배식과 찬송을 쓰고 있다는 것을 본서를 통해 분명히 알 수 있다.

최근에 오로지 시편을 찬송해야 개혁교회라는 주장이 한국 교회 일각에서 들린다. 물론 정경 안에 영감된 노래와 시편을 찬송하는 것만이 예배의 규제적 원리를 철저히 따른 것이라는 견해를 성경의 근거를 들어 강력하게 내세우는 학자도 있다(브라이언 슈워틀리). 이 주장에 대해 벤자민 쇼는 적절하게 반론을 제기하는데, 특히 에베소서 5:19과 그와 짝이 되는 골로새서 3:16에 나오는 시와 찬미와 신령한 노래가 시편을 가리키는 삼중의 강조법이 아니라 시편을 포함해서 각각 하나님을 찬송하고 그의 백성을 유익하게 하는 모든 종류의 노래들을 가리키는 것이라고 변증하였다(2013년 IRPC 목사연수회). 2012년에 출판된 『개혁주의 예배학』(필립 그레이엄 라이큰, 데릭 토마스, 리곤 던컨 3세 편집, p. 415)은 정경의 시편만 불러야 한다는 입장에 대하여 다음과 같이 적절히 대답한다.

"새로운 노래를 부르라"는 시편, 이사야, 요한계시록 그리고 다른 곳의 명령이 있고, 구약과 신약의 성도들이 찬양과 구원의 새 노래를 불렀다는 수많은 내용이 있다는 것을 인지해야만 한다 …… 더욱이 요한계시록에 있는 완전한 하늘 예배의 그림들은 오래된 노래와 새로운 노래 모두로 구성된 영원한 노래로서 모든 세대가 드리는 찬양으로 구성된 의역된 시편과 찬송이 울려 퍼지는 것을 나타낸다. 이것은 우리의 현재 예배가 어떻게 실행되어야 하는 것들을 말해주는 것이 틀림없다.

이 견해는 기존 찬송의 문제점들을 알고 바른 성경 신학에 입각하여 시편 찬송과 새로 작곡한 찬송을 예배에서 드리도록 돕는데, 김홍전 박사가 일찍이 같은 문제점을 인식하고 예배다운 찬송을 새롭게 작곡하여 사용한 시도를 새삼 귀하게 여기게 한다.

주님께서 재림하실 날이 가까이 다가오고 있는 지금, 그저 타성에 젖어 자신과 시대가 어떠한지 모르고 무감각하게 강설을 듣고, 예배와 전혀 어울리지 않은 찬송을 드리며, 하나님께서 듣지 않으시는 기도를 아뢴다면, 결국 침체되고 뒤로 물러가서 마침내 배교의 물결에 휩쓸리는 불쌍한 처지로 떨어질 것이다. 이를 벗어나려면 어떻게 해야 하는가? 무엇보다도 먼저 우리가 매주일 왕이신 주님을 믿음으로 알현하는 일이 가장 순전하게 이루어져야 한다. 만일 전체로 주님께 드려진 자로서(5강) 성령을 의지하여 주님과 하나가 되는 경지에서 이뤄지는 그것이 우리에게 최우선의 과제가 아니라면, 우리는 주님이 주신 은혜의 방도들을 가지고 날로 거룩해지는 것이 아니라 갈수록 개혁의 정신은 잃어버리고 외식하는 바리새인처럼 겉은 멀쩡하지만 속은 썩은 냄새 나는 기형적인 기독교인이 될 수밖에 없다.

거듭 생각할수록 김홍전 박사는 사도의 교훈을 따라 이루어졌던 종교개혁의 정신 곧 성경으로 돌아가 초대 교회의 정순한 모습을 본받고자 했던 그 정신을 이어서, 말씀과 성령에 의한 교회의 참모습을 소수라도 함께 누리고 가길 원하였던 것이 분명하다. 역사의 과정에서 교회 내적으로 종교적 시행착오를 거치며 변질된 것들과 외적으로 과학의 발전과 인문주의의 융성과 개인주의를 가장한 다양한 문화들의 침투와 인간성 말살의 참혹한 전쟁들을 종말적 배교 시대의 징후로 직시한 결과일 것이다.

그리하여 아무것도 아닌 적은 무리라도 교회아로서 하나님의 말씀을 겸손히 받는 것과 아울러 성령의 역사로 바른 경계에 들어가 삼위 하나님께서 들으시는 흠 없는 찬송을 올려야 할 것을 사명으로 알고 가르치며 실천했던 것이다(4강, 6강). 무엇보다도 가사가 성경적이고 음악적 정서가 예배다운 찬송의 모범을 제시하였다. 선포로서의 찬송의 역할도 중요하고 운율이 있는 기도로서의 찬송도 의미가 있고 개인의 경건을 위한 찬송도 필요하지만, 김홍전 박사는 무엇보다도 하나님께 드리는 공예배 찬양으로서 찬송의 가치와 영광을 알고 그리스도를 바라는(7강) 깊고 장엄한 찬송을 성령의 조명으로 작곡하고 모든 교우와 함께 부른 그 점이 교회 음악사에서 아주 각별하고 특별한 것이라 확신한다.

개혁 신학과 신앙의 정신을 고유한 유산으로 받아 따르는 후예들이라면 김홍전 박사의 찬송이 익숙지 않아 조금 어렵더라도 그 저작의 동기와 목표를 잘 알고 종말적 위기의 순간에도 하나님께 상달되는 제사의 정신을 담아 예배드리면서 오직 우리 주님만이 찬송 받으실 분이시라고 고백하며 힘써 주님을 찬미하고 살아야 할 것이다. 그리고 김홍전 박사의 소원대로 그저 열정만 발휘하려 하지 않고 화려한 기교나 탐미적 음악 방법에(7강) 빠지지 않으며 그리스도

와 하나 된 믿음으로 그 나라의 완성을 향해 겸손히
성령의 인도를 따라 신령한 새 노래를(6강) 만들고
부르는 이들이 더 많아지길 간절히 기도하여야 할 것
이다.

2024년 6월 24일
망현산을 바라보며
김홍전신학연구회 연구원 최승돈

차례

1 강

상달되는
찬미의 제사

사도행전 16:11-40

······ 16 우리가 기도하는 곳에 가다가 점하는 귀신 들린 여종 하나를 만나니 점으로

그 주인들을 크게 이하게 하는 자라 17 바울과 우리를 좇아와서 소리 질러 가로되 이

사람들은 지극히 높은 하나님의 종으로 구원의 길을 너희에게 전하는 자라 하며 18 이

같이 여러 날을 하는지라 바울이 심히 괴로워하며 돌이켜 그 귀신에게 이르되 예수 그리스도의 이름으로 내게 네가 명하노니 그에게서 나오라 하니 귀신이 즉시 나오니라

19 종의 주인들은 자기 이익의 소망이 끊어진 것을 보고 바울과 실라를 잡아 가지고 저자로 관원들에게 끌어갔다가 20 상관들 앞에 데리고 가서 말하되 이 사람들이 유대인인데 우리 성을 심히 요란케 하여 21 로마 사람인 우리가 받지도 못하고 행치도 못할 풍속을 전한다 하거늘 22 무리가 일제히 일어나 송사하니 상관들이 옷을 찢어 벗기고 매로 치라 하여 23 많이 친 후에 옥에 가두고 간수에게 분부하여 든든히 지키라 하니 24 그가 이러한 영을 받아 저희를 깊은 옥에 가두고 그 발을 착고에 든든히 채웠더니 25 밤중쯤 되어 바울과 실라가 기도하고 하나님을 찬미하매 죄수들이 듣더라 26 이에 홀연히 큰 지진이 나서 옥터가 움직이고 문이 곧 다 열리며 모든 사람의 매인 것이 다 벗어진지라 27 간수가 자다가 깨어 옥문들이 열린 것을 보고 죄수들이 도망한 줄 생각하고 검을 빼어 자결하려 하거늘 28 바울이 크게 소리 질러 가로되 네 몸을 상하지 말라 우리가 다 여기 있노라 하니 29 간수가 등불을 달라고 하며 뛰어 들어가 무서워 떨며 바울과 실라 앞에 부복하고 30 저희를 데리고 나가 가로되 선생들아 내가 어떻게 하여야 구원을 얻으리이까 하거늘 31 가로되 주 예수를 믿으라 그리하면 너와 네 집이 구원을 얻으리라 하고 32 주의 말씀을 그 사람과 그 집에 있는 모든 사람에게 전하더라 33 밤 그 시에 간수가 저희를 데려다가 그 맞은 자리를 씻기고 자기와 그 권속이 다 세례를 받은 후 ……

상달되는 찬미의 제사

하나님의 말씀, 사도행전 16장 11절부터 마지막 40절까지 읽었습니다. 사도 바울 선생이 두 번째로 전도 여행을 하던 때의 일로서 아시아 도(道)를 떠나서 처음으로 유럽으로 들어갔을 때 일어났던 역사 기록입니다. 빌립보라는 곳에 이르러서 전도한 이야기가 여기 기록되어 있는데, 이곳은 그리스의 마케도니아 땅이었습니다. 빌립보 성에서 전도를 할 때 점(占)하는 귀신 들린 여종 하나를 만나서 그 여자를 고쳐 주었습니다.

그러자 그 종의 주인들이 귀신 들린 여자가 점 귀신에게서 해방된 일로 인하여 자기네의 이익과 소망이 끊어진 것을 알게 되었고, 바울과 실라를 잡아 가지고 큰 거리로 나갔습니다. 관원들에게 끌어갔다가 다시 상관들 앞에 데리고 가서 송사를 한 것입니다. 송사를 듣고 상관들이 덮어놓고 바울과 실라를 잡아 옷을 벗기고 매로 치라고 하여 사도와 실라가 많이 맞았습니다. 참으로 고통스럽고 괴로웠을 것입니다.

그렇게 많이 때린 후에 깊은 옥에다 가뒀고 간수에게 분부해서 든든히 지키라고 하였습니다. 깊은 옥에 갇혔다는 것은 쉽게 탈옥할 수 있는 자리가 아니라는 뜻입니다. 옥 가운데서도 땅속 깊이 들어갔든지 혹은 겹겹이 둘러싸여 있는 깊은 집 안에 수감이 되었을 것인데 그들의 발에는 차꼬가 단단히 채워졌습니다. 발목에 족쇄까지 채운 것입니다. 매를 실컷 맞아서 몹시 아픈 채로 깊은 토굴 같은 옥 속에 갇혀 심한 괴로움 가운데 처해 있었습니다. 물론 그들에게 무슨 잘못이 있어서 그런 게 아닙니다. 성령님의 충만한 능력으로 점하는 귀신 들린 여종을 귀신에게서 낫게 해준 것 때문이었습니다. 이해(利害)가 상반되니까 그 여종의 주인들이 들고일어나서 텃세를 하고 또 무리한 송사를 한 탓에 그렇게 되었습니다.

밤중쯤 돼서 바울과 실라가 같이 하나님 앞에 기도를 올렸습니다. 기도만 올리고 신음을 하며 앉아 있었던 것이 아니라 하나님을 찬미했습니다. 찬미할 때 자기네끼리만 하는 이야기로 "하나님은 높으시고 거룩하시도다" 하고 만 것이 아니었습니다. 둘이서만 이야기한 것이 아니라 그 옥에 갇혀 있는 다른 죄수들도 다 들을 수 있게 찬미하니까 "죄수들이 듣더라"고 했습니다. 죄수들이 들을 만큼 크게 찬송을 하니까 홀연히 큰 지진이 나서 옥터가 움직이고 문이 곧 다 열리고 모든 사람의 매인 것이 다 벗겨져 버렸습니다.

간수가 자다가 깨어 옥문이 열린 것을 보고 죄수들이 다 도망한 줄로 생각하고 칼을 빼서 자결하려고 하였습니다. 그러자 "바울이 크게 소리 질러 가로되 네 몸을 상하지 마라. 우리가 다 여기 있다" 고 했습니다. 간수가 등불을 달라고 하여 뛰어 들어가서 무서워 떨면서 바울과 실라 앞에 엎드렸다가 그들을 데리고 나갔습니다. 나가서 바울 앞에서 "선생님들, 제가 어떻게 해야 구원을 얻겠습니까?" 하고 물었습니다. 바울과 실라가 구원을 전파하러 다니는 사람이고 그것 때문에 이 옥에 갇힌 것은 간수도 아는 일입니다. 그러자 바울은 간수에게 "주 예수를 믿으라. 그리하면 너와 네 집이 구원을 얻으리라"고 말했습니다. 물론 누가가 기록할 때는 그렇게 간략하게 기록했으나 그 내용은 충분히 설명했을 것입니다. "주의 말씀을 그 사람과 그 집에 있는 모든 사람에게 전하더라." 그렇게 자세히 설명해서 결국 결론으로 "주 예수를 믿어야 할 것이다. 그러면 너와 네 집이 구원을 얻는다"고 했던 것입니다. 그래서 밤중에 간수는 그들을 데려다가 맞은 자리를 다 씻기고 자기뿐 아니라 자기 식구들까지 다 세례를 받았습니다. 바울과 실라를 데리고 자기 집에 올라가 음식을 차려 주고 "온 집안이 다 하나님을 믿었으므로 크게 기뻐하"였습니다. 그리고 날이 새니까 상관들이 아전(衙

前)을 보내서 '이 사람들을 석방하라'고 해서 석방된 경위의 이야기가 나옵니다.

우리가 여기서 특별히 배울 바는 이것입니다. 사도 바울 선생이 가장 고생스러운 그 시간에 무엇을 했느냐 하는 것입니다. 기도와 찬송을 드렸습니다. 기도는 사람이 고통을 당할 때 많이 드리게 됩니다. 야고보서 5장 13절에 "너희 중에 고통하는 자가 있느냐 저는 기도할 것이요" 하는 말씀이 있습니다. 그러나 그다음에 보면 "기뻐하는 자가 있느냐 저는 찬송할 것이니라"고 했습니다. 그들은 마음 가운데 주님을 의지하는 거룩한 신앙이 가득한 자들이었습니다. 아주 고통스럽고 힘든 시간이요 최악의 환경 가운데서도 주를 찬송한 것입니다. 이 사실이 특별히 우리의 주목을 끕니다.

찬송은 하나님께서 들으셔야만 한다

찬송이라 할 때는 대체로 중생한 사람이 처음 교회에 나와서 교회가 하는 것들을 배울 때 여러 사람 앞에서 자기도 따라서 하게 되는 중요한 의식의 하나로 생각합니다. 여럿이 같이 기도할 때 고요히 고개를 숙이고, 여럿이 같이 찬송을 할 때는 그 찬송의 말을 따라서 부르기도 하는 것입니다. 보통 경험으로 보면 예수를 믿고 나온 형제나 자매는 교회에 처음 나와서 다른 분들이 함께 찬송가를 들고 서서 혹은 앉아서 찬송 부르는 것을 옆에서 볼 때 자기도 그것을 같이 부르고 싶은 심정이 생길 것이고, 부를 때는 가사를 하나씩 하나씩 새겨 가면서 그 뜻이 마음 가운데 기쁨을 준다는 것을 많이 느낄 것입니다.

그렇게 찬송을 부르고 또 부르고 나가면서 부지불식간에 찬송의 말뜻이 그전에 '참으로 기쁘구나!' 했던 것이 차츰차츰 변해서 '이제 여러 번 불러서 말뜻을 안다' 하는 생각이 들고, 그다음에는 그렇겠거니 하고서 부르게 됩니다. 계속 그리 지낼 것 같으면 찬송은 찬송이니까 부른다 하는 식으로, 처음 믿었을 때 찬송을 부르던 마음의 깊이와 즐거움이 점차 희미해질 수 있습니다. 마치 무슨 맛있는 것을 먹는 것과 같은 경험을 하게 됩니다. 그렇게 처음에 접했을 때는 마음을 감화시키고 마음에 평안함과 만족을 주었던 정신이 점점 사라지는 것을 경험한 이들도 적지 아니할 것입니다.

찬송이 무슨 음식같이 처음에 먹었을 때는 맛이 있지만 자꾸자꾸 먹어 가노라면 나중에 배도 부르고 그러면서 맛이 없어지는 그런 것은 아닙니다. 그렇지만 사람은 찬송을 그렇게 생각하기도 쉽고 그런 식으로 맛보기도 쉽게 되어 있습니다. 그렇다면 그런 것이 아니라 하는 것은 무엇을 의미하는 말입니까? 우리가 어떤 찬송을 부를 때마다 성령님이 우리 안에서 크게 역사하셔서 항상 새롭고 신선한 능력을 우리에게 내려주신다는 것입니다. 기묘한 여러 가지 맛과 생수처럼 신선함을 주시는 일이 우리 안에 늘 있게 마련입니다. 그런데도 처음에 가졌던 흥미가 점점 줄어가면서 거의 무감각한 상태로 빠져 들어가기 쉽습니다.

찬송은 본디 사람의 심정과 사람이 맛보는 감각으로 부르는 것이 아니고, 다만 성령께서 역사하셔서 우리들이 하나님의 거룩하신 이름과 영광을 찬송하는 것입니다. 그렇지만 하나님의 거룩한 이름과 영광이 뜻하는 바를 새롭게 느껴 가면서 하지 못하면, 이미 한번 알고 느낀 일을 다시 반복해서 뒤적거리는 식으로 찬송을 하게 될 뿐입니다. 사람의 종교적인 열정으로써 하게 되면 처음에 가졌던 느낌이라는 것이 대단히 희박해지고 나중에는 그 맛이 항상 체감(遞減)해 나가기 마련입니다. 사람이 감각을 가지고 맛있는 음식을 먹더라도 점점 그 음식의 맛이 체감해 가는 것과 같이 어떤 정신적인 작용도 처음엔 맛이 있다가도 차츰차츰 체감해 가는 것을 많이 느낍니다.

찬송도 같은 내용 같은 말을 부르고 또 부르고 또 부른다고 해서 저절로 새로운 맛이 더 신선하게 증진할 까닭이 없겠지요. 그래서 자꾸 값이 혹은 그 맛이 점점점 감퇴되어 나가는 것을 느끼게 됩니다. 같은 찬송을 부르고 또 부르고 또 부르고 하는 것이 득

책(得策)이 아닌 것은 압니다만, 그렇더라도 말을 써서 찬송을 불러야 하는 이유가 거기 명백하게 늘 있어야 합니다. 이것이 중요합니다. 그냥 적당하게 음악에 취미가 있으니까 해 본다든지 무슨 노래라도 한번 불러보고 싶으니까 해 본다든지 하는 것은 이 세상의 여러 가지 예술적 활동을 할 때는 옳을지 모르지만, 하나님을 찬송하는 진정한 찬송을 부르기 위해서는 그러한 동기나 그러한 정신만 가지고는 부적당합니다. 세상에서 보통 노래를 부를 때 그렇게 하는 것이 부적당하다는 말은 아닙니다. 세상 사람이 보통 노래를 부를 때는 그런 정도로 해도 괜찮습니다.

하지만 찬송은, 그렇게 불러서 제대로 된 찬송이 되는 것이 아닙니다. 그저 찬송가에 있는 노래를 하나 부르는 것은 그것대로 자기의 마음에 위로도 되고 예술적 감정을 채우는 일도 될 것입니다. 그렇게 예술적인 요구에 부응하는 것은 어떤 예술가곡이나 다른 것을 하나 택해서 부르는 것과 비슷합니다. 하지만 찬송을 하나님 앞에 드렸다 할 때는 항상 거기에 훨씬 다른 조건이 붙어 다닌다는 것입니다. 그 다른 조건이 무엇입니까? 찬송은 내가 부름으로써 족한 게 아니고 하나님이 들으셔야만 한다는 것입니다. 하나님이 들으셔야만 한다면 들으시도록 불러야 할 것입니다.

내가 어떻게 부르든지 마음을 다해서 정성을 들여서 찬송을 부르기만 하면 하나님은 들으신다고 생각하면 그것은 심히 부적당한 생각입니다. 사람의 정성도 갖가지이고 사람이 마음을 다한다는 것도 정도 차이가 굉장히 많기 때문입니다. 사람 보기에 정성이나 마음이 가득한 것 같아도 심히 부적당한 경우도 있고, 자기 딴에는 정성을 들였다고는 하나 오만무례한 일도 발생할 수 있습니다. 사람은 자기가 가지고 있는 교양이나 그가 받은 교육 혹은 환경 같은 것들로 말미암아서 자신은 잘못한 줄로 여기지 않지만 잘못하는 일이 참 많습니다. 하나님 앞에 찬송을 할 때 자기는 정성을 다해서 하나도 잘못한 것이 없이 제대로 잘한 줄 알지만 하나님 보시기에 잘못이 많고 하나님의 법칙에서 벗어나는 일이 많다는 것을 우리가 늘 깨닫고 있어야 합니다. 사람이 하나님의 법칙을 모르고 하나님의 도리를 모르고 제멋대로 할 것 같으면 자기는 정성을 다했다고 하지만 하나님 보시기에 심히 부적당한 일이 많습니다.

찬송에서도 하나님께서 들으신다는 요소가 가장 중요한 요소입니다. 들으시도록 하지 못하면 아무리 훌륭한 음악을 하고 아무리 자기 정열을 다 쏟고 모든 정성을 다 모았다 할지라도 그것이 하나님 앞에 찬송은 되지 않습니다. 찬송은 하나님 앞에 상달(上達)이 되어야만 한다는 점을 항상 명심하시기 바랍니다. 기도를 하더라도 하나님 앞에 올라가서 하나님이 들으시는 기도가 아니라면 그것이 기도로서 의미가 없는 것과 같습니다. 하나님께서 가부간에 무슨 대답을 해 주시는 기도가 되어야 진정한 기도가 되는 것같이 찬송도 하나님이 들어주셔야만 바른 찬송이 되는 것입니다. 하나님이 들어주시는 찬송을 하려면 하나님이 내신 그 법칙에 따라 하나님께 상달이 되도록 해야 합니다. 그러지 않고서 사람이 자기 딴에 가장 좋다는 방식으로 하나님 앞에 아무리 애를 써서 무엇을 올려놓는다고 할지라도 그것은 상달되지 않는 것입니다.

하나님 앞에 드리는 찬미의 제사

하나님 앞에 상달되게 올리는 찬송이 무엇이겠는가, 어떻게 해야 하는 것이겠는가 하는 것을 잠시 생각해 보겠습니다. 하나님 앞에 상달되기 위한 찬송을 배우기 전에 먼저 하나님의 말씀 가운데 옛날 이스라엘 백성에게 내리신 제사의 법을 잘 알아야 합니다. 왜 그런 것입니까? 원래 찬송이 하나님 앞에 상달된다는 점, 또 하나님께서 그것을 기쁘게 받으신다는 점에서 볼 때 그것은 구약의 제사와 같다는 것입니다. 구약의 이스라엘 백성에게 하나님이 명하신 제사의 여러 법칙이 있는 것은 잘 아실 것입니다. 이 '제사 드리는 것'이 심히 중요한 일인데 거기에 찬송도 포함이 되었습니다. 다른 말로 말하면 찬송이란 그것 자체가 하나님 앞에 드리는 제사입니다. 제사의 한 가지라는 말씀입니다.

잘 아시는 히브리서 13장 15절을 보면, "이러므로 우리가 예수로 말미암아 항상 찬미의 제사를 하나님께 드리자 이는 그 이름을 증거하는 입술의 열매니라"고 하였습니다. 예수로 말미암아 항상 '찬미의 제사'를 누구한테 드리느냐 하면 하나님께 드린다는 것입니다. 하나님께 드리는 이 찬미의 제사라는 것은 또 한편으로 볼 때는 "그 이름을 증거하는 입술의 열매"이다, 하나님의 성호를, 혹은 예수의 이름을 증거하는 입술의 열매다, 마음의 열매도 아니고 손의 열매도 아니고 입술의 열매다, 이렇게 말씀하셨습니다. 찬송이 하나님 앞에 제사가 되는데 기쁘게 받으시는 제사라고 하였습니다.

시편 69편 30-31절입니다. "내가 노래로 하나님의 이름을 찬송하며 / 감사함으로 하나님을 광대하시다 하리니 / 이것이 소 곧 뿔과 굽이 있는 황소를 드리는 것보다도 여호와를 더욱 기쁘시게 함이 될 것이라." 구약의 제사를 볼 때 제사의 큰 종류를 나누면 직접 죄에 관한 제사인 속죄제(贖罪祭)가 있고, 거기에 따른 속건제(贖愆祭) 제사가 있습니다. 그 다음에 번제(燔祭)라는 제사가 있고, 소제(素祭)라 하는 제사가 있고, 화목제(和睦祭)라 하는 제사가 있습니다.

'속죄제' 할 때는 죄를 속(贖)하는 제사라는 말입니다. '속건제'

할 때는 그것도 허물 건(愆) 자인데 그 사람의 허물을 속하는 제사입니다. 그다음에 '번제'라 할 때는 다 태워 올라간다는 뜻으로 태울 번(燔) 자를 써서 번제라 하는 말을 썼습니다. 번제가 가지고 있는 뜻은 자기 자신을 하나님 앞에 드린다는 것인데, 이 점이 중요합니다. 속죄제는 자기에게 죄가 있다는 것을 승인하고 자기가 죄인이라는 것을 하나님 앞에 고하고 죄의 속함을 받는 정신을 표시한 것이에요. 속건제란 사회생활을 하면서 자기가 행동이나 말로 직접 남에게 누를 끼치고, 하나님 앞에 죄를 범했다는 것을 느끼고서 하나님 앞에서는 죄 사함을 받고, 사람에게는 배상을 해야 한다는 정신을 가르치고 있습니다.

그러나 번제라 할 때는 자기 자신은 하나님의 것으로서 하나님께서 온전히 다 받으시사 하나님의 뜻대로 나 자신을 전부 쓰셔야 한다, 그런고로 내 자신의 존재라는 것이 하나님 것이다 하는 것을 특별히 가르치는 것입니다. 그다음에 소제라 하는 것은 요소라는 소(素) 자, 흴 소(素) 자를 쓰는데, 그것은 자기 자신의 생활 행동, 자기가 해 나가는 것을 다 하나님께 바쳐서 하나님이 그것을 기꺼이 받으시고 하나님께서 원하시는 대로 그것을 축복하셔서 땅 위에서 생활을 보람 있게 하시며 유의미하게 하셔야 한다는 것을 생각하게 합니다. 자기의 존재뿐 아니라 자기의 생활 활동을 전부 하나님 앞에 드려서 거룩하신 은혜를 입어야 할 것이라는 것을 특별히 나타내려고 한 것입니다. 물론 이 소제가 자기 자신의 이야기에만 머무르는 건 아닙니다. 제사라는 것이 전부가 그렇습니다만, 예수 그리스도가 우리를 위해서 죄를 속하실 뿐만 아니라 당신을 전부 드려서 일하신 것, 당신의 생활 전체가 우리를 위해서 하나님 앞에 기쁘게 받으시는 식물 혹은 제사와 같이 늘 확실히 우리에게 나타내 보이신 것을 의미하는 것입니다.

다음에 화목제라는 것은 드리는 사람이 드리면 그렇게 드리고 마는 것이 아니라 그것을 드린 사람에게도, 또 제사장에게도 이제 거룩하신 하나님 앞에서 먹으라 하시므로 그것을 드린 사람들이 하나님이 내주신 그 음식을 자기 식구와 함께 전체로 '하나님 앞에서' 먹는 것입니다. 하나님이 주시는 은혜를 충만히 받아서 하나님이 주시는 양식으로 자기가 더욱 힘을 얻고 나간다는 것을 표시하는 것인데, 하나님의 잔치를 내려주셔서 하나님과 더불어 교통한다는 것, 특별한 잔치로 즐김을 나눈다는 것을 표시하는 것입니다.

이런 제사의 정신이 찬미 가운데 늘 들어 있어야만 찬미가 온전하게 됩니다. 즉 찬미는 예수 그리스도의 은혜, 그가 속죄하신 큰 터 위에서 반드시 하나님 앞에 상달돼야 하는 것입니다. 찬미는 하나님 앞에 올려야 할 것이고, 그것은 단순히 그리스도의 속죄 사실

뿐 아니라 우리에게 있는 모든 것이 다 주님의 것이요 주님께 전부 드린다는 정신 가운데서 늘 불러야 합니다. 우리가 하나님 앞에 드리는 전부를 하나님께서 기꺼이 받으시고, 하나님께서는 우리의 전체를 주장하셔서 당신이 원하시는 대로 하셔야 할 것을 분명히 마음 가운데 인식하고 간절히 소원하는 사람이 찬미의 제사를 드리게 되는 것입니다. 또 우리는 우리의 생활 전체를 하나님 앞에 봉사하는, 전부를 하나님 앞에 드려서 생활하는 사람이 되어야 합니다. 그런고로 내 것이라고 주장할 것이 없고, 내 행복을 추구한다고 주장할 것 없이 다만 하나님이 원하시는 그대로 매일매일 생활하고 나간다는 것을 고백하는 의미로서 찬미가 상달되어야 할 것입니다.

하나님의 이름을 증거하는 입술의 열매

그렇게 찬미를 주님 앞에 드리면 주께서는 들으시고 기쁘게 받으신 거룩한 표로 나의 마음 가운데도 기쁨을 나눠 주시고 평안을 주시고 또 주님을 향한 더욱 간절한 신앙을 주시고 주님께 더욱 감사하는 심정을 주십니다. 그래서 주를 찬송한 사람답게 형제를 향해서도 항상 마음이 아름답고 따뜻하고 늘 남에게 평안함을 끼치는 거룩한 상태에 이르게 될 것입니다.

이런 것이 없이 찬미는 입으로만 부르고 정신은 딴 데 가 있다면 결코 하나님 앞에 바른 찬송이 되지 않습니다. 우리 모두가 하나님 앞에 늘 바르게 찬미의 제사를 드리고 나아가기를 바랍니다. 그러면 그것은 하나님의 이름을 다른 사람에게 증거하는 내 입술의 열매가 됩니다. 직접 입으로 부르고 말로 나타내서 하나님의 거룩하신 성호가 다른 사람에게 들리게 되는 것입니다. 하나님의 성호에 대해서 다른 사람들도 듣고, '하나님을 저렇게 높이는구나' 하는 것을 알려 줘야 하는 것이 찬미의 중요한 또 다른 실제 효용입니다.

그런고로 우리가 찬미를 할 때에는 성령님을 의지해서만 바른 찬송을 할 수 있습니다. 자기 자신의 그때 예술적 기분이나 노래를 부르고 싶다는 정신을 가지고 해서 잘되는 것이 아닙니다. 하나님 앞에 찬송을 드려야 하겠다 할 때는 항상 성령을 의지하고 성령께서 나를 주장하시기를 간절히 먼저 바라고 그리고 신중하게 마음을 기울여서 찬송을 올려야 합니다. 성령님의 은혜로 이 찬송이 주 앞에 상달되기를 간절히 바라면서 찬송을 드려야 할 것입니다. 나 혼자 아무리 정성을 드려도 내 정성으로 하나님 앞에 올라가는 것이 아닙니다. 예수 그리스도의 속죄의 공로의 터 위에서만 주께서 불쌍히 여기시고 받아 주실 것을 믿고 찬송을 하는 것입니다. 찬송에 대해서 오해 없이 큰 은혜를 받으시기 바랍니다.

기도

거룩하신 아버지시여, 저희들이 주님 앞에 드리는 찬송은 저희 스스로 드리는 것이 아니옵고 성령님을 의지해서 성령께서 인도하심으로 아버님 앞에 상달되는 것을 믿고 진정으로 주께서 들으시는 찬송을 드리지 아니하면 아니 될 것을 생각하였사옵니다. 우리 스스로 자기의 종교적 열정이나 예술적인 감흥으로 노래를 부르거나 종교 가곡을 하는 것으로 찬송이 되지 않는 것을 깨닫게 하여 주시고 아무 의식 없이 차례 지내듯이 하는 것이 얼마나 하나님 앞에 죄송스러운 것인가를 바로 깨닫게 하시고, 진정으로 신으로 주께 찬송을 올리게 하시옵소서. 찬송을 드린 그 심정이 또한 주님의 거룩하신 보좌 앞에 엎드려 절할 수 있도록 늘 저희를 이끄시고 깨우쳐 주시옵소서.

예수님 이름으로 기도하옵나이다. 아멘.

1970년 4월 26일

찬송의
두 요소

시편 23:1-6

¹ 여호와는 나의 목자시니 내가 부족함이 없으리로다 ² 그가 나를 푸른 초장에 누이시

며 쉴만한 물가로 인도하시는도다 ³ 내 영혼을 소생시키시고 자기 이름을 위하여 의

의 길로 인도하시는도다 ⁴ 내가 사망의 음침한 골짜기로 다닐지라도 해를 두려워하지

않을 것은 주께서 나와 함께하심이라 주의 지팡이와 막대기가 나를 안위하시나이다

⁵ 주께서 내 원수의 목전에서 내게 상을 베푸시고 기름으로 내 머리에 바르셨으니 내

잔이 넘치나이다 ⁶ 나의 평생에 선하심과 인자하심이 정녕 나를 따르리니 내가 여호

와의 집에 영원히 거하리로다.

2강
찬송의 두 요소

사상적 요소와 예술적 요소

우리가 찬송을 할 때는 찬송이 가지고 있는 특성을 생각하고 그 독특한 성격을 잘 드러내도록 찬송하는 것이 늘 바른 태도입니다. 그러려면 찬송의 특성을 먼저 알고 있어야 합니다. 그것을 모르고 있으면 그만큼 하나님 앞에 드리는 예배에 지장을 가져올 것입니다. 찬송에는 두 가지의 요소가 있는데 먼저, 찬송 가사에 나타난 사상적인 요소입니다. 그리고 찬송이라는 한 음악 작품이 가지고 있는 예술적인 요소입니다. 그래서 이 두 가지 점이 찬송의 의미를 형성하게 되는데, 그것을 우리가 정확하게 바로잡고 있지 않으면 왕왕 그릇되기가 쉽습니다.

우리 교회는 다른 교회와 달리 찬송을 제정해서 부르고 있습니다. 우리가 어떤 의미를 가진 것을 생각해서 그 의미에 따라 찬송에 대한 새로운 태도를 취하는 뜻으로 찬송가를 새롭게 제정해서 부르고 있습니다. 그것을 언제든지 명심하시고 부르실 것을 기대하고 있습니다. 그렇지만 때가 지나가면 때때로 잊어버리는 것이고 바르게 생각지 않고 생각 없이 하기가 쉬운 것이 현실입니다.

단순한 화성 합창 형식으로 바뀜

찬송이 가지고 있는 특성 가운데 우리가 오해하기 쉽고 잘못되기 쉬운 것들을 늘 주의해야 합니다. 예를 들면 찬송은 단순한 종교 가곡으로 끝나지 아니한다 하는 것입니다. 특별히 찬송은 독창을 위한 것보다는 합창을 하기 위해서 만든 까닭에 음악의 구분 장르로 놓고 볼 때는 합창곡이라고 할 것입니다. 프로테스탄트의 운동 이래로 찬송은 소위 로마가톨릭이 가지고 있던 폴리포니(polyphony)라는 다성부 음악 활동에서 단순한 화성으로 바뀌었습니다. 독특한 기능 있는 사람들이 주축이 되어서 부르는 찬송 방식을 고쳐서 교중이 전체로 다 같이 부르게 하려고 복잡하고 까다로운 소위 다성부적인 통일적인 진행 - 음악 이야기가 되어서 좀 어렵습니다만 - 소위 폴리포니의 진행을 대체로 그만두고 가장 알기 쉽도록, 복잡하지 않고 단순한 화성을 붙여서 화성의 각 부를 파트에 따라서 부르게 한 것입니다.

유럽이라고 하는 사회에서 자연스럽게 역사적으로 발전한 화성을 그대로 이용하면 우리 한국 사람보다 유럽 사람이나 아메리카 사람들은 화성에 맞추기가 쉬운 교양과 전통을 가지고 있어서 크게 힘이 들지 않고 부를 수가 있습니다. 그리고 그것을 악기로 반주할 때, 원칙으로 말해서 악기 반주는 반주라기보다 각 부의 소리를 중복해 나갈 것뿐입니다. 우리의 찬송을 볼지라도 그런 식으로 쓴 것이 거의 대부분입니다. 소위 기본적인 4성부를 썼는데, 소프라노 알토 테너 베이스 4성부에 의해서 노래를 부르고, 오르간이나 피아노로 그것을 반주합니다. 하지만 반주라고 하는 것보다는 각 성부를 네 손가락을 가지고 중복을 해서 쳐 주는 것입니다. 소프라노는 소프라노의 멜로디를 따라서, 알토는 알토대로, 테너와 베이스는 각각 그 성부의 소리를 악기로 울리면 울리는 대로 따라서 하는 것이지 독특한 개성 있는 반주곡을 따로 써놓지 않았습니다. 그런 것 다 잘 아시지요? 그러면 결국 음악적으로 그 효과에서 중요한 것은 다성부 합창이라는 것입니다.

따라서 합창 음악이 가지고 있는 특성의 하나는 예술가곡 즉 쿤스트리트(Kunstlied)가 가지고 있는 특성과 똑같지 않습니다. 슈베르트나 브람스나 슈만의 어떤 독특한 예술가곡을 부르는 것같이 부르지 않습니다. 합창할 때는 어떤 일정한 의미가 있는 것을 자꾸 반복해 가면서 사람의 목소리를 악기의 소리와 같이 다루어서 그 목소리의 조화, 맑고 또렷하고 아름답게 흘러나오는 목소리가 다성부로 서로 조화를 이룹니다. 그렇게 부를 수 있도록 다성부, 4부로 만들어 놓았습니다. 4부의 화성이라는 것을 붙였습니다. 그런고로 합창이라고 할 때는 기본적으로 어떤 동일 족속의 기악 합주와 비슷한 성격을 가지고 있습니다.

예를 들면 현악 합주일 때 4성부가 되었든지 5성부가 되었든지 서로 나눠 가지고 바이올린 군(群)들 비올라 첼로 콘트라베이스, 이렇게 합해 가지고 연주를 하게 됩니다. 그러면 그와 같은 효과를 노리기 위해서는 사람의 소리를 일정한 한 형상으로 변화시킬 수 있는 것입니다. 바이올린이라든지 다른 악기는 그것이 어떤 일정한 톤(tone)을 가지고 있어서 일정한 음의 형을 내지만 사람의 소리는 물리학적으로 볼 때 진동하는 음파의 모양이 비교적 일정합니다. 그게 둥글든지 혹은 선이 죽 나가든지 그렇게 나아가는 것인데, 그것을 사람의 목소리로 조금 더 같이 갈 수 있게 할 수가 있습니다. 아~ 하다가 오~ 하든가 이~ 하다가 으~ 할 것 같으면 소리가 좀 다르게 나갑니다. 그걸 또 혀를 써 가지고 라라라 하다가 타타타 하다가 파파파 할 것 같으면 비교적 다른 악기가 낼 수 없는, 다소간의 변화라는 것을 거기다 붙일 수 있습니다. 이렇게 사람의 발음의 변화라는 것을 이용해서 한 말, 한 마디를 가지고 음악을 만들 수 있는 것입니다.

예컨대 '할렐루야'라는 말을 쓸 때 '하'라는 소리를 내는 것이 썩 좋지 아니하면 그것을 '아'로 바꾸어 '알렐루야'로 할 수 있습니다. '아'도 그냥 '아'가 아니고 '아아' 하는 소리를 내어 가지고 '아알렐루야', 그렇지 않으면 그것을 비음으로 써서 '하' 해서 할렐루야 할렐루야 '하' 하며 '아아 레에에에 루우 야' 이렇게 붙입니다. 거기에 가끔 엘(l) 자를 붙이면 그것도 한 변화를 일으키게 됩니다. 우리가 잘 아는 헨델의 메시아에 나오는 '할렐루야'는 King of kings and Lord of lords라는 말을 붙여 가지고 자꾸 변화를 일으킵니다. 그러나 King of kings and Lord of lords, 이렇게 해놓고 '할렐루야'를 자꾸 하면 개념 전달은 간단한 것입니다. 할렐루야 그뿐입니다. "하나님 여호와를 찬양하라. 왕의 왕이시요 주의 주이시다." 이처럼 문학적인 복잡성이나 사상적인 개념은 포함되어 있지 않으나 그것을 반복해서 부르게 함으로써 사람의 정서에 호소를 해 나가는 것입니다. 그것이 점점 고양되게 만듭니다. 이런 것으로 합창을 하는 것입니다.

그 밖에 가톨릭에서는 할렐루야뿐 아니라 '키리에 엘레이손' (Kyrie eleison, 주여 불쌍히 여기소서), '크리스테 엘레이손'(Christe eleison, 그리스도여 불쌍히 여기소서), 아니면 '아뉴스 데이'(Agnus Dei, 하나님의 어린 양) 혹은 '쌍투스'(Sanctus)가 있습니다. 이런 것들도 라틴 말이 가지고 있는 음운을 이용하여 그것을 반복합니다. 예컨대 키리에 엘레이손 같은 것도 다른 말이 많이 붙어 있지 않고 키리에 엘레이손, 키리에 엘레이손, 키리에 엘레이손, 그렇게 자꾸 계속해서 부르는 것으로 진행합니다. 변화는 키리에 엘레이손이란 말에서 찾지 않고 대단히 교묘한 멜로디의 진행에서, 그리고 그것이 여러 성부에 걸쳐서 대위법적으로 진행하면서 변화를 느끼게 만들어 놓았습니다. 가령 가사에 '주여 불쌍히 여기소서' '그리스도여 불쌍히 여기소서' 혹은 '여호와를 찬양하라' 이런 말이 다 있다고 할지라도 곡조 자체에 훌륭한 연상 혹은 변화, 대조라는 기악적인 처리를 통해 훨씬 예술적인 효과를 거두게 하는 것입니다.

종교 가곡만으로는 찬송이 될 수 없다

왜 이런 말을 하느냐 하면 찬송은 그런 식으로 부르면 안 된다 하는 것입니다. 제가 듣는 대로는 그런 식으로 부르는 찬송이 참 많습니다. 큰 교회에서 찬양대를 두어 찬송을 부르라고 할 것 같으면 결국 찬양대는 일반 교중이 부르는 찬송보다 조금 변화가 있고 조금 긴 합창을 합니다. 그 찬양대에서 합창하는 말에 대해서 찬양대원들에게 무슨 의미를 가지고 무엇을 노래하려고 하며 어떤 형식인가 하고 물을 때 '그것은 이런 의미요 이런 정신으로 이렇게 한다' 하는 것을 똑똑히 댈 수 있는 사람이 얼마나 많이 있을지 의문입니다. 대체로 보면 그냥 부르는 것이에요.

가령 주기도문이 영어로 작곡되어 많이 부르지만 이것이 무엇인가 물으면 얼른 다 아니까 '이것은 주기도문이다' 할 것입니다. 그래서 주기도문 맨 처음에 부르는 말 '하늘에 계신 우리 아버지', 영어로 'Our Father which art in heaven'이 무슨 뜻인가? 당신은 무슨 의미로 그렇게 부르는가? 왜 하나님을 '하나님'이나 '창조주여'라고 안 부르고 '하늘에 계신 우리 아버지'로 부르는가? 계시지 아니하시는 데가 없다고 하는 신에게 대해서 왜 하필 '하늘'이라는 존재의 범위, 그렇게 존재의 위치를 표시하는 말을 써 가지고 부르느냐 하고서 따져서 물을 것 같으면 '그것 잘 모르겠다' 하기가 쉬울 것입니다.

적어도 거기에 대한 어떤 묵상이라든지 그것이 내 감성에 호소하는 뭔가가 없는데도 그냥 악보를 따라 'which art in heaven'을 길게 빼서 부를 수 있습니다. 부르는 사람 자신이 일반 교인들이라면 그것이 어려워서 잘 못 부르니까 독특한 기능을 가진 사람들이 훈련을 해서 부를 때 무엇에 훈련의 중점을 두느냐 하면 소위 소리와 소리라는 음악적인 조화에 둡니다. 소리를 조화시켜 가지고서 들려주는 데다 중점을 두지, 말 자체가 어디로 가는지는 알 수가 없습니다. 거기다가 다른 말을 붙였을지라도 그런 곡조가 재미있을 것 같으면 그 말 자체를 크게 고려하지 않고 부르기가 쉬울 것입니다.

마찬가지로 교회에서 찬송을 부를 때에도 소위 음악 예술이 가지고 있는 음악적인 고려, 그런 에스프리(esprit) 정도 안에서 멎고 말면 찬송의 특성은 없는 것입니다. 그러면 그것은 종교 가곡이 되는 것입니다. 종교 가곡은 찬송이 아닙니다. 찬송은 종교 가곡이 될 수 있어도 종교 가곡만으로는 찬송이 될 수 없습니다. 성경은 찬송이 무엇이다 하고 가르쳤습니다. 찬송은 무엇이 생명이요 그 요소다 하는 것을 성경이 가르쳤어요. 그런데 지금 말하는 이런 식의 종교 가곡은 그 요소를 온전히 다 갖추고 있지 않습니다. 그런 의미가 없다는 말입니다. 다만 서구라파에서 발생한 종교 가곡은 주로 어떤 특색 있는 뉘앙스와 독특한 스피릿(spirit)이 담겨 있습니다. 어느 때는 창법까지라도 그렇습니다. 종교 가곡이란 그렇게 전체의 억양이라든지 음의 움직임의 경향과 성격이 독특하게 짜인 것입니다.

보통 클래식이라 할 때는 클래식이 가지고 있는 독특한 미가 있습니다. 현대의 소위 표현파(expressionism)의 음악과는 그 성격이나 음의 움직임이 크게 구별되는 독특성을 가지고 있습니다. 표현파의 음악적인 경향이나 성격은 음의 움직임 자체가 클래식 음의 움직임과는 비교할 수 없이 아주 독특하다는 것을 들어보시면 다 아실 것입니다. 그냥 박자의 개성만 다른가? 그렇지 않으면 좀 더 크게 분류할 때 성격을 달리하는가 하고 묻는다면 그 성격을 달리하는 것이라고 말할 수 있습니다. 따라서 종교 가곡은 클래식이나 혹은 로맨티시즘의 작품들과 비교해도 그 나름으로 음악적인 한 장르를 형성하고 있다는 것입니다. 결국 프로테스탄트의 찬송도 그런 종교 가곡의 하나로 생각할 수도 있습니다.

찬송다운 독특성에 항상 주의해야 함

그러나 특별히 프로테스탄트의 가곡은 가곡으로서 예술적으로 우수하다고 보기 어렵습니다. 대단히 단순한 것입니다. 어떤 때는 화성학의 원칙에서도 벗어나는 작곡을 한 사람도 있습니다. 왜냐하면 그것이 다 전문가가 나서서 쓴 작품들이 아니기 때문입니다. 아마추어들이 자기의 기호에 맞춰서 한 것도 있습니다. 어떤 사람이 가령 목사로서 음악에 조금 소양이 있는 정도에서 화성학에서 말하는 주음상(으뜸화음) 속화음(딸림화음), 하속화음(버금딸림화음)이라는 간단한 세 개의 화음만을 가지고 쓴 곡이 있다는 것을 아시는 분도 있을 것입니다.

우리가 편집해서 부르는 찬송에 'I need Thee ev'ry hour'라는 찬송이 맨 끝에 나옵니다. '내 주님 나와 함께 늘 계시옵소서'라는 찬송입니다. 옛날 신편이라든지 합동찬송가에는 '주 음성 외에는 더 기쁨 없도다'라고 한 찬송입니다. 그 찬송은 로리(R. Lowry)라는 목사님이 작곡한 것입니다. 그 교회에 다니는 한 부인이 마음 가운데 받은 은혜대로 맨 처음에 I need Thee ev'ry hour, 하는 식으로 작사를 했습니다. 우리말 번역이 원래의 뜻과는 많이 달라서 우리는 번역을 고쳤습니다만, '주님은 나에게 한 시간이라도 없어서는 아니 되겠습니다' 하는 내용입니다. 그 작시를 갖다가 목사님한테 뵈니까 목사님이 마음 가운데 깊이 공감이 되어서 그 가사에 후렴을 써서 붙인 다음에 작곡을 했습니다. 그 작품을 보면 대단히 단순한 화성 세 개나 네 개를 가지고 만들었습니다. 그러나 그 작품은 어느 편으로 말하면 잘 만든 좋은 작품입니다. 화성이 독특하지도 않고 선율의 움직임도 단순합니다. 그렇지만 이러한 식으로 쓴 찬송들도 종교 가곡이라 할 수 있는 장르 가운데 들어갑니다.

종교 가곡은 종교 가곡다운 맛을 내서 불러야 합니다. 특별히 성악가들은 이 점을 늘 주의해야 할 것입니다. 종교 가곡다운 맛을 낸다는 것은 성악가의 신앙 문제가 아니라 어떻게 해야 음악적으로 가장 종교 가곡다운 특성을 드러낼 수 있는 예술 작품으로 재현할 수 있겠는가 하는 것과 관계가 있습니다. 그런 사람들을 데려다가 찬송을 부르라고 할 것 같으면 이런 것 저런 것 없는 일반 교중보다는 찬송을 잘 부르니까 다 칭찬할 만큼 됩니다. 왜 그러냐면 일반 교인들이 부르는 찬송은 결국 어느 정도의 범위에서 벗어나지 못하지 않습니까? 종교 가곡을 부르되 다 아마추어이니까 훌륭하게는 못 부른다는 것입니다. 다른 말로 하면 동일한 성격을 가지고 불러서 그런 것입니다. 그러므로 찬송은 찬송다운 독특성에 항상 깊은 주의를 기울여야 하고 또 늘 고려해야 할 문제라는 것입니다.

정서의 풍요성을 담지 못한 프로테스탄트 찬송

찬송이 가지고 있는 가사의 문제와 관련해서 또 하나 고려할 것이 있습니다. 가령 슈베르트나 슈만이나 브람스의 작품들이나 독일의 쿤스트리트를 보면 훌륭한 가수가 나타나서 무척 감흥 있게 노래를 잘 부릅니다. 여러분도 잘 아시는 요새 독일의 훌륭한 가수 피셔 디스카우(D. Fischer-Dieskau) 같은 사람도 그렇습니다. 그런 가수가 작품을 심각하게 보고 깊이 생각하여 그것이 가지고 있는 극적인 효과나 작품의 배경이 되는 정형(情形)을 사람들에게 잘 전달하기 위해 노래를 부르는 것을 아실 것입니다.

슈베르트의 퍽 적적한 노래 중 '노악사'(老樂士)라는 길거리 음악가를 그린 연가곡(겨울 나그네)이 있습니다. 그것을 좋아하는 까닭에 때때로 집에서 피아노를 치면서 노래로 부르기도 하는데 피셔 디스카우나 그렇지 않으면 게르하르트 휘슈(Gerhardüsch) 같은 사람이 부르는 것을 들어보면 참 쓸쓸한 정형이 잘 묻어납니다. 게르하르트 휘슈가 직접 부르는 것을 제가 들었고, 최근에 피셔 디스카우가 종교 음악을 불러서 한번 들은 일이 있습니다. 피셔 디스카우나 게르하르트 휘슈가 부르는 노래는 길거리에서 노악사가 맨발로 서서 아코디언 같은 걸 하나 가지고 낑낑 울려가면서 노래를 하는 모습을 그리게 해줍니다. 찬바람이 휘휘 불고 개만 컹컹 짖는 아주 쓸쓸하고 불우하고 그러면서 아무도 돌아보는 사람이 없는 그런 자태입니다. 오늘날 실제로 노래하는 그 사람의 정형과는 엄청난 차이(天壤之判, 천양지판)입니다. 그 사람들은 한번 부르고 3천 달러 내지 만 달러 가까운 돈을 개런티로 받습니다. 한번 부르고서 그 많은 돈을 받으니 좋다 하는 기쁨이 있을 것입니다. 그러나 이러한 사치스러운 예술가의 화려한 위치에 서 있는 사람과는 대척적인 위치에 있는 몹시 불쌍하고 가난한 사람이 노악사입니다. 가수는 그런 처지를 상상할 수 없는 사람이지만, 노래를 부를 때는 가장 그럴 듯하게 인생의 애환을 느낀 사람답게 그것을 표현해서 다른 사람에게 감화를 준다 말입니다.

그 연가곡에 '주막집'(Das Wirtshaus)이라는 노래도 보면 사람이 지팡이 하나 짚고서는 허덕허덕 찾아온 곳이 한 주막집인데 푸른 풀이 나 있는 주막집, 다른 말로 말하면 무덤입니다. 무덤에 와서 오늘 하룻밤 쉬어 갈 수 있을까, 날 재울 수는 없을까 하니 주막집에서 너 재울 곳은 없다고 합니다. 그러니 보람이 없구나 하고서 피곤한 다리를 끌고 지팡이 하나를 의지하고 나는 다시 이 세상으로 방황의 길을 떠나련다. 죽음을 구하되 죽음이 피하고 아직도 자기를 맞아 주지 않는다! 죽음 안에서나 안식을 얻겠다는 절망적인 비통을 호소하는 슬픈 노래입니다. 이 노래 부르는 것을 가만히 들어도 그 가수는 죽을 생각이 없는 사람입니다. 피셔 디스카우보고 '너 그 노래 부르면서 지금 당장 죽을 생각이 있느냐?' 하면 천만의 말씀이라 할 겁니다. 그렇지만 그는 죽음에서 차라리 안식을 구하려고 찾아간 사람의 노래를 그렇게 처량하게 부릅니다. 이렇게 이런 사람들은 그 정형을 깊이 생각해서 재현하려고 노력합니다. 심혈을 기울여서 그 사실을 바로 파악해 가지고 드러내려고 애를 쓴다는 것입니다.

이제 찬송으로 돌아와서 이야기하자면 교인들이 찬송을 부를 때에는 찬송이 요구하는 정신이 잘 담기게 해야 합니다. 그 정신은 두 가지에서 나온다고 했습니다. 먼저는 가사에서 나오는 인식론적인 것이 중요합니다. 그다음에는 그 곡 자체가 주는 정서의 풍요성입니다. 그런데 대단히 안 된 이야기지만 우리가 일반적으로 부르는 프로테스탄트의 찬송은 정서의 풍요성을 가진 찬송이 그렇게 많지 않습니다. 그런고로 주로 가사에 의존하게 됩니다. 물론 가사 자체에 크게 의존하지 않고 찬송을 부르게 되면 이것도 저것도 잃어버리는 경우가 많이 생길 것입니다.

가사가 나에게 요구하는 정신이 무엇인가? 만일 교리적인 말을 썼을 때는 그 교리에 대해서 명확한 판단과 인식을 가지고 있어야 합니다. 찬송할 때 거기에 대해서 자기 자신이 상당한 정도의 느낌은 갖고 있지 않다고 해도 명료한 의식은 가지고 있어야 합니다. 느낌도 없고 의식도 없이 반사적으로, 그냥 습관적으로만 부르게 되면 참으로 의미 없는 것입니다. 그러면서 마음이 어디로 쏠리느냐 하면 곡조 자체의 움직임에 있게 됩니다. 곡조 자체의 움직임에 따라서 정열을 기울이는 것이 나쁘다고 하는 것은 아니나 크게 차지하는 부분은 곡조보다도 가사입니다. 아까도 말씀드렸지만 가사를 뚝 떼어 놓고 곡조 그것만 가지고 독특한 의미는 별로 갖지 않습니다. 가사가 주었던 감정의 독특한 의미를 잘 나타내지 못하는 것은 선율이라든지 화성이 너무나 평범하기 때문에 그렇습니다. 틀렸다는 말이 아니라 평범해서 독특한 뉘앙스나 독특한 성격을 드러내 주는 곡조는 아주 드물다는 것입니다. 그런 것이 전혀 없다는 것은 아니지만 드뭅니다.

하나님에 대한 객관적 사실을 중시한 찬송 제정

우리 교회에서 가령 '글로리아'(Gloria, 영광송)든지 '쌍투스'(Sanctus, 성삼위송) 같은 것을 새로 제정할 때는 쌍투스는 쌍투스로서 그 의미를 가지도록 새로 제정하자는 것이었습니다. 즉 거기다가 자신의 기쁨이나 슬픔을 더하지 않고 하나님의 거룩하심을 찬송하려고 했습니다. 내 자신 스스로의 심정이라든지 스스로의 위치를 무시하고 오히려 한 발 더 앞으로 나아가서 하나님은 거룩하신 분이다, 거룩하신 하나님 성부와 성자와 성령께 우리는 예배하고 찬송합니다, 그것을 담으려고 했어요. 그래서 거기다가 나 자신의 슬픔이나 기쁨을 드러내지 않았습니다. 죄 사해 주심을 감사합니다, 혹은 나를 불쌍히 여기소서, 하는 이야기를 대체로 안 썼다 말입니다. 객관적인 거룩한 사실을 하나님 앞에 올리고 자기라는 것을 거기다 너무 집어넣지 않는 찬송 태도를 취하였습니다. 원래 그게 찬송이 요구하는 중요한 한 부분의 성격이라 그것입니다.

물론 찬송이 그것만 하는 것은 아닙니다. 하지만 어떤 곡은 사람의 희로애락이 중요한 것이 아니라 말입니다. 자기가 기쁘니까 하나님 앞에 기쁘다고 찬송하고 슬프니까 슬프다고 찬송하는 것을 떠나서, 내가 기뻤든지 슬펐든지 하나님은 거룩하시다, 전능하시다, 만유의 통재자시다, 하고 하나님의 위대한 기본적인 속성을 이야기할 때는 내 자신의 적용이란 소용이 없는 것입니다. 상관이 없다는 것입니다. 내가 죽든지 살든지 어디에 있든지 하나님은 거룩하신 것입니다. 하나님이 전능하시고 위대하심을 우리가 피조물로서 노래하는 것은 마땅합니다. 그러므로 내가 슬프다 해서 하나님 앞에 '주님은 거룩하시고 위대하십니다' 하고 찬송을 못하는 것이 아닙니다. 또 내가 기쁘니까 주님의 거룩하신 엄위에 대해서 찬송을 못하는 것이 아니라 말입니다.

이와 같은 위치에 서서 우리가 찬송을 하려면 찬송의 가사가 요구하는 나 자신의 인간적인 위치를 항상 주의하는 게 좋습니다. 항상 마음을 쏟아서 올리는 높은 차원에 올라서서 찬송하라는 것입니다. 그런 의미에서 우리는 쌍투스라든지 글로리아든지 워쉽(Worship, 경배송)이라든지를 새로 제정하였습니다. 우리가 그런 말들을 선택할 때에도 예배할 때 하나님의 영광에 비춰서 자신의 위치를 돌아보게 하고자 하였습니다. 우선 자기의 죄를 고백하는 것입니다. 자기가 아무리 바른 듯하더라도 자기가 죄인임을 알고서, 진정으로 중심으로 예배를 하는 자와 예배를 받으시는 분의 관계를 명확하게 하면서 노래를 부르라 그것입니다. 이런 것들을 항상 명심하면서 우리 교회가 찬송을 불러야 합니다. 부지불식간에 그냥 열심히 소리를 내 가지고 음악적인 효과를 내는 데 머물러서는 안 됩니다.

우리가 찬송을 부를 때 가사 자체가 강하게 요구하는 독특한 성격을 주의해서 마음에 두어야 합니다. 우리 교회의 찬송은 특별히 개인의 주관적인 이야기를 별로 많이 집어넣지 아니한 까닭에 이야기들이 그만큼 냉정합니다. 객관적인 사실만 이야기해 나가는 가사입니다. 그러면 거기 대해서 내 자신의 것은 일단 접어 놔두고 그리로 들어가야 합니다. 우리가 늘 주의해서 해야 할 것이 그것입니다. 찬송 부를 때는 항상 마음을 거기다 모으고 경건한 심정으로 불러야 합니다. 음악적으로 화려하고 찬란하게 올리는 것이 우선이 아닙니다. 찬란하게 올려 봐야 결국 종교 음악을 만들기 십상입니다. 지금 하나님이 임재하셔서 우리에게 축복하시는 큰 예배의 석상에서 하나님 당신이 들으시고 재가하시고 기뻐하시는 것이 되어야겠다는 것입니다. 이것이 찬송이 가지고 있는 우선적인 특성으로서 사상적인 면에서의 이야기입니다.

그 외에 찬송이 가지고 있는 독특성은 '예수로 말미암아 찬미하는 제사를 올리자' 하는 점입니다. 그동안 찬미하는 제사에 대해서 배우신 바가 있으니까 그것을 늘 명심하십시오. 그 제사를 실천해서 이것이 내가 여호와께 드리는 찬송 "곧 뿔과 굽이 있는 황소를 드림보다도 더욱 기쁘시게 하는 것입니다" 하면서 드리게 됩니다. 그냥 보통의 제사, 단순한 속죄제가 아니고 기쁘게 흠향하실 제사로 올리는 것입니다.

찬송이 가지고 있는 또 하나의 중요한 성격은 기도라는 경지보다도 훨씬 더 고도적으로 올라간 경지라는 것을 종종 이야기했습니다. 기도란 내 사정을, 내 희로애락을 하나님 앞에 고하는 것이지만 찬송은 하나님을 찬양하는 것입니다. 하나님 당신께 있는 영광과 덕과 능력과 지혜와 오묘한 것을 찬송해 나가는 것입니다. 내 자신이 어떻다는 이야기를 많이 하는 기도의 연장으로 출발하는 것이 아니라 오히려 찬양하는 쪽으로 올라가야 할 것이라 하였습니다. 가장 냉정한 듯하지만 가장 명확하고 객관적인 현실이 예배 즉 경배인데, 영혼이 하나님 앞에 엎드려 절한다는 뜻의 말 프로스퀴네오(προσκυνέω), 찬송이 여기에 가까운 것임을 늘 명심하면서 찬송을 부르십시다.

우리가 찬송에 대해서 주의를 해야 하는데, 그것을 바로 인식하고 있는 사람이라도 때때로 해이하기가 쉬운 것입니다. 그것을 인식하고 있으면 인식하고 있는 만치 더 주의해서 소리를 힘써 내야만 하는 것은 아닙니다. 열심히 안 내더라도 상관없습니다. 소리를 퍽 줄여 가지고도 근엄하게 경건하게 '하나님께서 이것을 들으신다' 하는 숭엄한 심정 가운데서 하는 것이 오히려 훨씬 더 좋은 심상입니다. 경배송 XXII(『찬송』 101장) 찬송을 한 번 더 부르십시다. 우리가 평소에 그런 깊은 심정 가운데 못 들어간다 할지라도 확실한 의식을 가지고 이 찬송을 한 장 더 부르겠습니다.

다시 찬송 맨 마지막 188장 '주여 그 사랑의 손에'*를 부르실 텐데, 지금은 아직 주 멜로디만 있으니까 이대로 부르시지요. 하모니(harmony)로 된 4부, 대위법으로 된 4부는 다음에 인쇄해 넣더라도 이것으로라도 먼저 배우시는 것이 좋을 줄로 압니다. 여기 가사를 보면 "내 구주 예수님 사랑의 손에-그 거룩한 사랑의 손에- 우리의 모든 것을 의뢰하오니 ……" 모든 것을 다 맡긴다는 뜻입니다. "거룩하신 예수여 저희를 다스리시사-우리를 통치 혹은 통재하시사 - 주님의 영광 이제 나타내 주옵소서." 이것은 늘 그렇다 하는

---

* 『찬송』에는 '주여 그 사랑의 손에 I'(188장)과 '주여 그 사랑의 손에 II'(190장), 두 곡이 수록됨.

말도 되지만 특별히 교회가 주님의 영광의 그릇으로 존재할 때 교회가 오직 주님께 모든 것을 다 맡김으로써 영광의 도구로서 현실적인 일을 할 것을 간절히 바라는 마음으로 쓴 작품입니다. 전투를 하며 앞으로 나가려는 교회는 적에 둘러싸여 있을지라도 언제든지 주께서 큰 긍휼을 내려 주시고 그분의 영광을 나타내시면 된다는 절실한 감정에서 작곡을 하였습니다.

그것을 같이 부르는 교우들도 다 같이 그런 절실한 감정을 가지고 부르면 더 좋을 것입니다. '우리가 큰 사명을 가지고 나갈 때 많은 적이 있다. 이제 우리를 통해 영광을 나타내시지 않으면 그 영광이 언제 나타날 수 있겠는가?' 하는 심정에서 나온 것을 알고 부르시기 바랍니다. "거룩하신 주의 몸을", 교회라는 말이죠, "끊임없는 사랑으로 권고해 주시는 우리 주여 저희를 지키며 전진케 하사 ……" 즉 주님이 사랑을 가지고 일일이 모든 사정을 다 돌아봐 주시고 저희를 지켜 주시옵소서. 우리가 연약한 까닭에 이 세상에 물들기 쉽고 또 세상의 그릇된 것이 우리를 침해하여 마음 가운데 죄를 범하기 쉬운 까닭에 우리를 빛으로 비춰 주시사 항상 앞으로 나아가게 하시고 주저앉거나 정체하는 일이 없게 하소서. 그리고 "보내신 주의 사명 이루게 하옵소서." 우리를 이 세상에 보내신 거룩한 사명을 잘 성취하게 하소서. 우리를 세상에 보내신 사명이 있는

데 그 사명을 이루기 위해서는 항상 매일 전진해야 할 것이고 좌우로 치우치지 아니해야 할 것이오니 이 사명을 잘 성취하게 하소서! 이것은 보내신 사명에 대한 각성이 있는 교회로서 부르는 찬송입니다.

개혁 시대에는 특별히 마르틴 루터 선생이 개혁의 정황 가운데서 '내 주는 강한 성이요'(새찬송가 585장)를 지어서 불렀습니다. 그 찬송을 부른 그 당시의 배경과 당시 모든 환경의 정형이라는 것이 항상 앞섰던 것입니다. 그런데 오늘날 우리가 이런 비상한 역사적인 큰 현실 앞에서 역사적인 사명이라는 것을 각성했다고 할 것 같으면 이 찬송의 구절들이 우리 마음 가운데 자연스러운 부르짖음으로 나타날 것으로 믿습니다.

2절입니다. "빛이시며 사랑인 하늘의 아버님, 원수의 궤휼을 헛되게 하소서. 거룩하신 예수여, 저희의 길 앞에 장애되는 모든 것을 제거해 주옵소서. 거룩하신 주의 몸이 전진할 길은 기묘한 손안에 있사오니 찬란히 빛나는 저 목적지에 빗기는 일이 없이 이르게 하옵소서." 우리가 '이것이 주님의 뜻이라' 하고 나가려고 하면 자꾸 방해하는 것들이 생긴다는 것을 알고 있습니다. 그것이 무엇이 되었든지 '거룩하신 주님께서 제거해 주십시오.' 항상 벽에 부딪쳤을 때의 심정이 나옵니다. 또한 큰 사명을 지고 나아갈 때 때때로 적의 공격이 있을 것을 늘 알고서 부르는 노래입니다. '거룩한 몸이 된 교회가 앞으로 자꾸 행진하는 길은 주님의 기이하신 손안에 늘 있는 까닭에 우리가 다 측량할 수 없습니다! 그런고로 더 광활하게 장려하게 비추는 목적지에 이르기까지 좌우로 도무지 치우치는 일이 없이 거기에 도달하게 하여 주시옵소서' 하는 찬송입니다.

기도

거룩하신 아버지시여, 저희들의 나아가는 길에 원수가 여러 가지로 훼방[作戱, 작희]할 것을 당연히 예상[豫期, 예기]하는 일이옵니다만 그런 때 저희들은 연약하고 암매하여 좌우로 요동하기도 쉽고 혹은 주저앉기도 쉽고 넘어지기도 쉽사오니 저희를 붙드시고 힘 주시며 항상 빛을 비추어 지키시옵소서. 거룩하신 사랑의 기묘하신 손의 크신 역사가 늘 함께하신다는 것을 저희로 항상 명심케 하시고, 그러므로 평탄한 발걸음으로 목적을 향해서 좌우로 치우침이 없이 힘 있게 전진해 나가게 하여 주시옵소서. 저희 앞을 가로막는 모든 것들을 주께서 친히 제거하시며 저희를 두르시고 지키사 모든 악하고 언짢은 것이 침해하지 못하게 하여 주시고, 순결하고 거룩한 심정으로 끝까지 주님이 보내신 사명을 다하게 은혜를 베풀어 주옵소서. 주께서 보내신 사명이 무엇인지에 대한 확신과 명확한 각성이 저희에게서 떠나지 않게 하여 주시고, 주님이 우리를 세상에 보내신 크신 뜻을 주의 열심으로 이루시리라는 것을 늘 확실히 믿고 의지하게 하시옵소서. 우리의 모든 염려와 모든 사정을 주님의 전능하신 손에 맡기게 하옵소서. 이런 것을 모두 맡기는 것은 저희가 귀찮아서가 아니고 저희가 그로 말미암아 구안(苟安)을 얻으려 하는 것이 아니라 저희에게 주신 사명에 열심을 다하고 거기 치중해서 나아가기 위하여 주께서 은혜로 인도하시기를 바라고 있기 때문이옵나이다. 주여, 이 모든 일을 주님의 영광의 목적을 위해서 이루어 주시며 우리의 생활과 전진이 늘 주님의 크신 경륜과 그것을 세우신 본래의 큰 목적을 위해서만 존재한다는 것을 알고 거기에 확신을 가진 자다운 생활의 태도를 늘 취하고 그런 생활 감정을 가지고 늘 전진케 하옵소서.

주님, 항상 이 교회를 복 주시고 지금까지 이끌어 주셨사온데 앞길도 더욱 복 주시고 붙들어 주시며, 특별히 지금 우리 교회의 예배 터를 아버님이 원하시는 거룩하신 뜻에 합당한 대로 적당하게 새로 마련하기를 바라며 거기에 필요한 대지를 원하고 있사옵니다. 주님 이 일에 대해서 우리 마음 가운데 확실한 은혜를 베풀어 주셔서 주를 의지하고 주께서 저희를 원하시는 곳으로 이끌어 주실 것을 간절히 기대하면서 이 일을 진행하게 성신님 인도하여 주시고 우리의 마음들을 주께 다 맡기고 의지하게 하시옵소서. 주께서 또한 저희의 모든 필요를 다 채워주셔서 주의 영광의 목적을 위하여 저희가 나가는 행진이 멈추거나 둔함이 없이 건실하고 능력 있게 늘 전진케 하옵소서.

주 예수님 이름으로 기도하옵나이다. 아멘.

1971년 8월 1일

예배식과

찬송

시편 96:1-13

1 새 노래로 여호와께 노래하라 온 땅이여 여호와께 노래할지어다 2 여호와께 노래하여 그 이름을 송축하며 그 구원을 날마다 선파할지어다 3 그 영광을 열방 중에, 그 기이한 행적을 만민 중에 선포할지어다 4 여호와는 광대하시니 극진히 찬양할 것이요 모든 신보다 경외할 것임이여 5 만방의 모든 신은 헛것이요 여호와께서는 하늘을 지으셨음이로다 6 존귀와 위엄이 그 앞에 있으며 능력과 아름다움이 그 성소에 있도다 7 만방의 족속들아 영광과 권능을 여호와께 돌릴지어다 여호와께 돌릴지어다 8 여호와의 이름에 합당한 영광을 그에게 돌릴지어다 예물을 가지고 그 궁정에 들어갈지어다 9 아름답고 거룩한 것으로 여호와께 경배할지어다 온 땅이여 그 앞에서 떨지어다 10 열방 중에서는 이르기를 여호와께서 통치하시니 세계가 굳게 서고 흔들리지 못할지라 저가 만민을 공평히 판단하시리라 할지로다 11 하늘은 기뻐하고 땅은 즐거워하며 바다와 거기 충만한 것은 외치며 12 밭과 그 가운데 모든 것은 즐거워할지로다 그리할 때에 삼림의 나무들이 여호와 앞에서 즐거이 노래하리니 13 저가 임하시되 땅을 판단하려 임하실 것임이라 저가 의로 세계를 판단하시며 그의 진실하심으로 백성을 판단하시리로다.

3강
예배식과 찬송

특이한 위치를 갖는 교회의 찬송

우리 교회가 가지고 있는 성격과 우리가 각각 교회에서 무엇을 해야 하는가, 무엇을 할 수 있는가, 이런 구체적인 현실 문제를 찬송과 연결해서 한번 이야기해 보려 합니다. 우리 교회의 찬송은 찬송 하나만을 단편적으로 부를 때 지금까지 내려오는 여러 가지 찬송과 비교해서 다를 것이 없다고 느낄 수 있습니다. 특별히 음악을 잘 모르는 이들에게 있어서는-음악을 다소 안다고 할지라도- 그것이 가지고 있는 의도를 쉽게 잘 알아내기는 어려울 겁니다. 찬송이 충분히 그 자체의 특이성을 늘 바로 드러내는지 그렇지 않은지 잘 모르겠으나 찬송을 늘 특이성 있게 잘 만들어야 하는 것은 꼭 필요한 일입니다. 가령 찬송을 들으면서 '아, 이 찬송은 세상 다른 보통 찬송하고는 다르구나' 하는 것을 민감하게 못 느낄지라도 계속해서 우리 교회 찬송 여러 개를 부르는 차서(次序)를 따라서 부르고 이 찬송을 어떻게 부르는 것이 옳은가를 종종 따져 본다면 이 찬송이 가지고 있는 특이한 위치를 알 수 있을 것입니다.

가령 '영광송 I' 같은 것을 부르면 "참, 찬송이 어떻게 그리 짤막하냐?"고 말할 수 있습니다. 일반적인 찬송에 익은 사람으로는 그게 짤막해서 송영인가 보다 하는 정도로 생각할 것입니다. 영광송이니까 송영은 송영이죠. 영광을 찬송하는 것이니까요. 그 다음에 쌍투스(Sanctus), 말하자면 성삼위 찬송을 들어 볼 것 같으면 두 절 석 절 계속해서 불렀으면 좋겠는데 이것도 그렇게 길지를 않다 하는 생각을 하게 됩니다. 그리고 그다음에 경배송을 들어 볼 때 다른 찬송 책에 있는, 지금까지 불러온 다른 곡들하고 특별히 다를 것 없다는 식으로 생각하게 될 것입니다. 그렇게 되어 있습니다.

하지만 정식 예배 시간에 영광송을 불러야 할 시간에 영광송을 부르고 다음 성삼위송을 차례[次序]에 맞추어서, 논리적인 전진에 따라 찬송을 불러간다면 조금 달리 느낄 수도 있을 것입니다. 우리들이 예배를 본다고 모여 가지고 기도를 하고 난 다음에 이 기도에 맞추어서 무슨 찬송을 하나 불렀으면 좋겠는데 무얼 부르면 좋을까 하고 얼른 생각해도 다른 찬송 책에서 쉽게 떠올려낸다는 것은 간단치 않습니다. 예배를 드리려고 처음에 묵상하고 난 다음에 하는 기도가 나의 모든 기도와 특별히 다를 것이 없는 기도는 아니지요? 기도할 때는 나의 간절한 소원도 있겠지만 예배 시작 때 하는 그것은 특별히 다른 기도입니다. 우리 교회에서는 예배를 시작할 때 주기도문을 가지고 기도를 합니다. 주기도문은 모든 기도와 비교해서 아무것도 다를 것이 없느냐 하면 그렇지 않습니다. 주기도문이야말로 다른 모든 기도의 전형이 될 만큼 가장 잘 요약되어 있습니다. 전체를 포함하고 있는 것입니다.

프렐류드 그리고 시편 낭독

우리는 아침에 처음에 예배를 드리려고 할 때 주악(奏樂)을 하는데 그 주악도 그냥 여기서 저기서 마음대로 모아 하지를 않고 그 목적을 위해서 쓴 곡조를 죽 연주합니다. 그 주악을 듣고 마음이 싱숭생숭해서 딴 생각을 하지 않게 하고, 마음이 세상으로 달려가서 자기 행복을 추구하는 심정으로 끌고 가는 대신 오직 하나님을 찬송하자, 하나님 앞에 나아가서 엎드리자 하는 데로 마음을 모으도록 하였습니다. 최소한 그러한 성격을 가지게 하려고 프렐류드(prelude)를 만든 것이고, 그 주악을 듣고 그렇게 생각하기를 바란 것입니다. 여러분들 다 경험해 보신 대로 우리 교회에서 독특하게 쓴 프렐류드들이 세상의 다른 연주회에서 듣는 음악이나 그렇지 않으면 세상에서 인간의 향락과 즐거움을 위해서 듣는 곡조와 달리 훨씬 더 경건을 생각하게 하고, '아, 하나님 앞에 경배를 하겠다'

는 데로 마음을 모으는 데 도움이 된다는 것을 다 아실 것입니다.

그렇게 주악을 하고 난 다음에는 시편을 죽 읽습니다. 시편이 가지고 있는 몇 가지의 중요한 성격들 가운데 예배 시간 맨 처음에 하나님 앞에 마음으로 소원을 하고 또 경건히 하나님 앞에 엎드려 절하려는[俯伏, 부복] 사람에게 필요한 시들을 뽑아서 읽는 것입니다. 물론 그것은 어디에 누가 이렇다 하고 써 놓은 건 아니고, 여러 해 하면서 우리가 표준을 세웠습니다. 맨 처음에는 저 혼자 시편 150편을 다 읽어 보면서 그 표준하에 이 시는 어떻겠는가 하는 것을 일일이 다 따져 가지고 만들어 놓았습니다. 아시겠지만 늘 그런 것은 아니나, 어느 때는 차례차례 읽지 않고 중간을 딱 빼고 뒷부분으로 가서 읽어서 연합시키는 경우도 있습니다. 중간에 개인의 정서가 반영된 잡다한 내용이 나오면 그것은 딱 정지를 한 것입니다. 예배하는 데로 이끌기 위한 마음의 단순화를 유지하지 못하고 여러 가지 다른 것을 생각하면서 하나님 앞에 호소하게 하는 말들이 있을 때는 건너뛰었습니다. 그것을 넘어서 하나님을 찬송하고 묵상하는 것, 하나님을 높이 숭앙할 내용을 낭독함으로써 그 시간에 마음이 다른 데로 가지 않고 하나님 앞에 다 모여 들게 되기를 바란 겁니다.

거기에서 개인의 묵상을 기도할 수도 있겠지만, 아주 특수한 경우 외에는 될 수 있는 대로 하지 않고 이미 하나님의 말씀으로 영감되어 씌어 있는 기도문들을 쓰는 것이지요. 물론 기도라 할 때 그 기도의 내용 가운데에는 여러 가지가 있습니다. 찬양하는 것이 있고, 감사하는 것이 있고, 또 사죄를 구하는 데가 있고, 자기 자신의 소원을 고하는 것이나 일상의 현실상 문제를 호소하기도 하고, 다음은 남을 위해서 도고(禱告)하는 데가 있고, 그다음은 다시 하나님을 송축하는 송영하는 부분이 있고 그리고 끝내게 됩니다. 대개 기도에는 그런 요소들이 모두 있습니다. 그것이 전부 구비되지 않으면 아니 된다는 것은 아니나 대체로 그런 것들이 기도할 때 끼게 됩니다. 그런데 시편이 가지고 있는 몇 가지의 중요한 특성 가운데 특별히 찬송하는 것과 하나님의 영광을 더 찬송하기를 원하는 심정, 그리고 그렇게 되기를 바라는 기원을 담은 시를 주로 뽑아낸 것입니다.

시편이 무엇이냐 하면 무엇보다 먼저 찬송입니다. 그래서 찬송하는 부분이 많습니다. 찬양하는 것이지요. 둘째로, 시편은 절절하고 절실한 기도가 많이 섞여 있습니다. 자신의 마음 가운데 괴로운 심정을 간절히 호소하는 장면도 많이 있습니다. 그와 동시에 시편은 거룩한 교리의 중요한 도리를 가르치는 부분도 있습니다. 이것은 특별히 개인의 찬송인 것보다도, 나의 기도인 것보다도 하나님 나라의 오묘하고 신비한 도리를 가르쳐 나가는 부분입니다. 하나님 나라의 큰 도리를 펼쳐[陳啓, 진계] 나가는 것을 떡 열어 놓고서 보여 주시는 장면들이 많습니다.

이렇게 세 가지만 있는 게 아니라 시편에는 또한 하나님 앞에 감사하는 부분들이 있습니다. 그렇게 하나님 앞에 감사하고 찬송하고 자기 실정을 호소하고 또 거룩한 교리를 가르치고, 그러면서 아주 드물게 역사를 잠깐 보이는 부분도 없지 않습니다. 그러나 역사를 사실 기록으로 보여 주는 것보다는 그것의 의미와 그와 관계된 개인의 신앙을 이야기합니다. 그리고 시편에는 강렬한 죄의 고백이라는 부분도 있습니다. 아주 두드러진 그런 시가 있지요. 특별히 죄를 지은 사람이 죄를 고백할 때 쓴 시가 있습니다. 그 죄의 고백은 그냥 고백만 있는 게 아니고 거기에는 하나님의 가르치심이 있습니다. '그런 경우에 하나님은 어떻게 하신다. 하나님의 뜻은 무엇이다' 하는 것을 가르쳐 줍니다. 이렇게 다섯 가지 정도의 중요한 요소가 시편에 들어 있습니다. 그런 것들로 시편들이 씌어졌지만 어느 것 한 편에 한 가지만 들어 있는 것은 아닙니다. 그렇지만 주로 무엇이 두드러지게 나타나는가 하는 것을 가를 수는 있습니다. 그러니까 찬송하는 것, 간절히 자기의 실정을 호소하고 구하는 것, 감사하는 것, 하나님 나라의 거룩한 도리는 무엇이다 하고 개인과 관계되든지 교회와 관계되든지 어떤 것을 특별히 계시해서 보여 주는 것, 그리고 죄에 대한 호소와 고백과 회개, 토로 이런 것들이 있습니다.

아침에 맨 처음에 예배를 드리려고 할 때 읽는 시에는 죄의 호소가 있어서는 안 되겠다는 것은 아니지만 그게 주도적인 것은 아닙니다. 제일 주도적인 것은 하나님 앞에 찬송하며 예배드리는 심정을 표시하는 것입니다. 그다음에는 찬송과 예배에 섞여서 혹은 간단하게 죄의 고백이 거기 붙어 다닐 수가 있어요. 어려운 하나님 나라의 큰 도리를 계시하는 깊은 교시(敎示)를 죽 서술한 것을 많이 읽지는 않습니다. 그런 건 어쩌다가 한 번씩 나타나고 지나갑니다.

영광송 · 성삼위송 · 기도 · 경배송

그렇게 아침에 예배를 하려고 하면 맨 처음에 시를 낭송하고, 그다음에 주님이 가르친 기도문을 가지고 함께 소리를 맞추어 기도를 죽 합니다. "대개 나라와 권세와 영광이 아버지께 영원히 있사옵나이다. 아멘." 한 다음에는 아, 하나님의 영광을 찬송해야겠다, 하고 '하나님이여, 영광을 받으시옵소서' 하는 찬송하려고 하는데 과거부터 가지고 있던 찬송에서는 적당히 뽑아 낼 찬송이 많이 없는 줄로 압니다. 그러니까 불가부득 영광송이라는 것을 따로 만들어서 그런 경우에 쓰겠다고 한 것입니다. 예배를 드리기 위해서 찬송을 쓰는 것같이 고귀하게 쓸 수가 없는 것 아닙니까? 예배라는 것은 하나님의 영광을 찬송하는 심정에서 그렇게 묵상하고 영혼이 그 앞에 절을 하는 것입니다.

하나님의 영광을 찬송한다는 것은 내 자신이 받은 은혜를 찬송하기보다는 하나님 당신의 덕과 속성을 찬송하는 것입니다. 그러니까 하나님의 영광, 그 영광의 찬송을 거기다 넣은 것입니다. 그래서 말도 간단하게 하늘의 하나님께 찬송을 하고자 한다는 식으로 썼습니다. 거기에는 사람과 사람의 관계에서 나타내는 심정에 관한 이야기 같은 것이 없습니다. 하나님께 직접 호소하게 만든 것입니다. 이렇게 쓴 찬송이 그렇게 많지 않습니다. 가사의 의미도 예배드릴 때에 필요한 대로 썼고, 거기에 따라서 곡조도 그 목적을 위해서 만들었던 것입니다. 그렇게 해서 찬송이 제자리를 찾게 한 것입니다.

그런 다음에는 하나님의 영광을 찬송하면서 하나님의 속성의 가장 종합적이고 중요한 것을 찬송합니다. 그게 뭐냐 하면 거룩하시다는 이야기입니다. 이방의 모든 신들에 대해서 말할 때에도 사람들은 신이 위대하다, 힘이 있다, 무엇을 만든다, 벌과 복을 준다

하고 다 이야기를 합니다. 하지만 '그 신은 거룩한 신이다' 하는 이런 아이디어를 강렬하게 나타내는 것은 별로 없습니다. 오직 참 하나님께 대해서 거룩하다는 사실을 아주 두드러지게 표현합니다. 거룩하다는 것은 이 세상이나 모든 피조물과는 구별되는 분이다, 지극히 높으신 분이고 홀로 한 분이시고 영광에 둘러싸여 있는 그분은 거룩하다, 이렇게 종합적인 이야기를 여기서 하는 것입니다. 거룩한 하나님, 그 하나님은 성삼위이시다. 그래서 성삼위송입니다. 거룩하시며 삼위 되시는 하나님이시다, 이것은 교리로서도 가장 중요한 교리 하나를 선언하는 것입니다. 우리가 지금 찬송하고 기리고 모시고 높이며 이제 그 앞에 엎드려 절하려고 하는 그분은 부(父)·자(子)·신(神), 아버지와 아들과 성령 세 품위, 세 인격을 가지고 표시하시는 그런 하나님, 한 하나님이시다, 그러니까 한 하나님 한 위(位)가 아닙니다. 1위(位) 1신(神)이 아니다 그겁니다.

그리고 한 하나님이 있고 그 아래 다른 것이 부속되어 같이 있는 그런 분이 아닙니다. 제1의 신이 있고 그 다음 제작자라는 뜻의 데미우르고스(δημιουργός)라든지 아이온(αἰών)이라는 그런 어쭙잖은 신이 아니라 오직 모든 권리와 영광에서 동등이신 거룩하신 성삼위이시다 하는 것입니다. 따라서 그 성삼위송은 필연적으로 아버지 되시는 하나님뿐 아니라 영원 전부터 아드님으로 계시고 또 일찍이 육신을 입고 땅에 오셨다가 영광의 육신으로 그대로 하나님 우편에 앉아 계신 예수 그리스도에 대한 찬송도 됩니다. 그리고 그들로부터 나오는 거룩한 성령, 우리에게 모든 은혜를 주신 분, 우리 안에 계시고 교회 안에 계시고, 그리고 하나님으로서 무소부재의 속성을 가지신 거룩한 성령에 대한 찬송도 되는 것입니다. 이렇게 성삼위를 찬양합니다.

그렇게 찬양하면서 마음으로 '과연 찬송할 분이요 그렇게 절할 분이다' 할 때 그것을 찬송할 수 있는 찬송이라는 게 그리 많지 않은 것이 현실입니다. 꼭 성삼위를 찬송하고 싶다 하는 생각이 날 때 과거의 찬송에서 무엇을 끄집어내셨어요? 모두 잘 아시는 찬송이 하나 있지요. '성재, 성재, 성재(聖哉)'[거룩 거룩 거룩 (전능하신 주여), 통일찬송가 9장] 그 나머지는 뭐가 또 있습니까? 어떤 것이 있지요? 성삼위에 대한 아주 명확한 찬송을 올리려고 할 때 얼른 생각이 안 납니다. 그런데 주일마다 성삼위 즉 하나님을 생각할 때 정당한 신관, 신 개념을 그때 다시 마음 가운데 일으켜 가지고 성삼위에게 경배를 해야 합니다. 그런 이유로 성삼위라는 것이 그렇게 중요합니다. 그래서 쌍투스(Sanctus)가 나오게 되었습니다. 이런 점에서는, 가톨릭이 미사곡에서 쌍투스를 아주 중요한 부분으로 만들어 내놓았습니다. 그런데 우리에게는 없잖아요. 그러니까 좀 더 경건히 예배를 합리적으로 이지적으로 바르게 차서(次序)를 따라서 하려고 할 때 이것이 필요하다 생각하고 그렇게 한 것입니다.

물론 이것은 성약교회가 선 다음에 비로소 생각한 것이 아닙니다. 제가 옛날부터 무슨 음악을 써야 할 것인가 생각할 때 하나님께 경배를 드리는 음악을 쓰겠다고 하였습니다. 하나님 앞에 예배하는 음악을 쓰려면 어떻게 무엇을 써야겠는가 할 때 예배식 처음 서곡에서 하나님 앞으로 마음을 이끌고, 그다음에는 영광을 찬송하는 하나님의 글로리아(Gloria)를 부르고, 그다음에는 거룩하신 하나님을 노래해야겠다고 생각한 것입니다. 그게 옛날에 성약교회를 아직 꿈도 꾸기 전에 썼던 예배악의 순서였습니다. 예배 음악은 이렇게 써야 한다고, 실지로 교회에서는 그런 식으로 예배를 드리는 것이 좋겠다는 마음을 품었던 것입니다. 그때 내가 썼던 예배악의 쌍투스(성삼위송) 혹은 글로리아(영광송)의 어떤 것은 길고 복잡하고 대위법적이어서 상당한 기능과 기술 있는 사람들이 불러야 하겠으니까, 이제 교회에서 찬송을 부르려고 하면 화성을 써서 누구든지 얼마 동안 훈련하면 곧 부를 수 있는 곡을 만들어야겠다 해서 만든 것입니다.

그다음에는 기도를 올리고 나서 '저희는 하나님 앞에 예배를 합니다' 하고 다시 하나님 앞에 우리의 예배하는 심령을 호소하고 하나님을 찬양하고 싶어서 그렇게 찬양하는 그 부분에 예배라는 이름을 붙여서 경배송을 만들었습니다. 그 순서를 따라 그렇게 마음을 가지고 찬송의 인도를 받아 가면서 예배하는 데 들어가되 정신을 거기에 기울인다면 훨씬 이지적이고 영혼의 요구에 적합한 예배가 될 것으로 봅니다. 그러니까 어떤 찬송 하나를 놓고 단편적으로 볼 때에는 다를 게 뭐 있느냐 할 수 있겠지만, 그것을 제자리에 놓고서 죽 불러 가면서 그것이 요구하는 바 예배의 정신 가운데 들어가기만 한다면 그것 참 좋구나, 할 수가 있습니다. 이것들이 이 찬송이 가지고 있는 독특한 의미입니다.

그런 순서에 다 맞도록 대조해 가면서 찬송의 곡을 쓴 까닭에 종래에 부르던 다른 찬송을 거기에다 끼워 넣으려면 종래의 다른 찬송이 가지고 있는 의미나 가사가 지니고 있는 성격 때문에 항상 주의해서 끼워 넣어야 합니다. 그런 것을 우리가 전혀 안 하는 것은 아닙니다. 우리의 빨간 찬송* 뒤에 몇 개의 다른 찬송들이 있어서 그것들을 끼워 넣기도 합니다. 하지만 그 곡 자체가 가지고 있는 성격이 예배하는 것보다는 자기의 감상적인 것을 더 표현하고 있어서

---

* 현재 사용되는 인쇄용 『찬송』이 발행되기 이전에 성약교회가 자체적으로 제작하여 사용한 빨간 표지로 된 찬송가를 말한다. 제1편과 제2편으로 구성되어 있고 거기에는 오라토리오 '루디아'는 수록되어 있지 않았다.

예배 음악에 넣기가 어려운 게 사실입니다.

우리 교회에서 잘 부르는 '내 주를 가까이 하게 함은'(364장) 찬송도 그렇습니다. 8분의 6박이든 4분의 6박으로 되어 있는 것은 곡조 자체가 가지고 있는 감상적인 요소 때문에 우리 예배악의 자리에 대치해 놓으면 별로 좋지 않다는 생각이 있습니다. 여러분 생각은 어때요? 우리의 예배악인 경배송을 하는 대신 "내 주를 가까이 하게 함은 ……" 하는 그 찬송을 거기다가 대치하면 예배악으로 더 우수하지 않다는 생각입니다. '내 주를 가까이 하게 함은 십자가 짐 같은 고생이나 …… 늘 찬송하면서 주께 더 나가기 원합니다.' 가사의 말 자체가 우리 신앙의 전 코스에서 자기 혼자의 감상을 노래할 때는 좋으나 예배하는 당장의 현실에서는 적절하지 않습니다. '하나님, 내가 당신의 영광을 찬송하고 오히려 아버지가 가지신 덕과 영광을 크게 바라면서 절합니다' 하는 이야기는 아니라서 잘 안 맞는다는 겁니다.

일반적으로 가지고 있는 찬송 책들의 찬송을 가끔 거기다가 집어넣어 해 보니까 썩 만족스럽지 못하였습니다. 우리가 부르는 이 찬송으로 늘 우리 자신의 영혼의 태도와 고백과 의식을 명백히 하고서 들어가는 것과는 차이가 나는 것을 느낄 수 있습니다. 일단 찬송 자체에서 다른 요소를 느낄 수 있다는 것인데, 그런 점에서 의미가 있습니다. 그러니까 우리가 순서를 짠 대로 제자리에 넣어서 죽 한번 불러 보십시오. 찬송이 우리를 끌고 가는 맛도 크게 다를 것입니다. 훨씬 이지적으로 접근해야 하고 그리고 분명히 경배하는 의식 속으로 자꾸 끌고 들어가려고 해야 합니다.

헌상송 · 송영

그다음에는 헌상할 때도 분명히 헌상의 의미를 가진 찬송을 부릅니다. 보통 다른 데서는 헌상할 때 찬양대가 서서 무슨 가사도 잘 모를 찬양을 합니다. 연보를 할 때 콰이어 멤버가 찬송하는 가사를 한마디 한마디 잘 들어 가지고 아는 사람이 별로 많지 않을 겁니다. 그러면 뭘 했는지 모르나 주로 찬송 하나 했다는 그것으로 끝납니다. 이지적으로는 내게 호소하는 것이 없습니다. 단순히 내 감성에 어느 정도만큼 부딪쳐 오는 것뿐입니다. 그러기에 전혀 다른 말로 불렀다 하더라도 내가 헌금하면서 듣는 찬송에서는 그리 큰 차이가 없게 되는 것입니다. 우리말로 않고 영어(英語)로 한다고 하더라도 가사 자체가 내게는 굉장한 차이를 일으키지 않아요. 그만큼 그 가사 자체가 가지고 있는 이지성(理智性)이라는 것이 약합니다.

하지만 우리는 헌상송을 부를 때마다 부른 것을 또 부르고 또 부르고 해서 거의 다 그 말을 잘 알고 있습니다. 그리고 자신이 그것을 부를 때 그냥 왕왕 부르지 않고 말 자체의 의미를 곱씹어[詛嚼, 저작] 가면서, 곰곰이 새기면서 늘 부르도록 되어 있습니다. '주님, 나의 주님 내 생명이 되시며 내 모든 것 주께로부터 나왔습니다' 하고서 분명히 헌상하는 의식을 주어서 찬송하도록 되어 있습니다. 그때는 '성삼위를 찬송합니다' 그런 의미도 아니고 영광에 대한 찬양도 아닙니다. 이제는 '헌상합니다' 하는 그 이야기를 하고 있는 것이거든요. 예배 과정에서 자기 마음의 태도를 늘 병행시켜 가면서 찬송하게 하려는 의도가 있습니다.

그냥 아무것도 않고 헌상을 하는 것보다 찬송을 부르는 것이 더 좋은 것은 아무것도 안 하면 무미건조하거나 밋밋해서 그런 것이 아닙니다. 사람이 보통 헌금을 할 때에는 헌금 바구니가 자기한테 돌아올 때까지는 저것이 나한테 돌아온다는 것을 기다리며 긴장하지만, 온 다음에는 긴장을 딱 풀고 앉아 있게 됩니다. 그게 익어 놓으면 별 긴장이 없어요. 그런 사이에 별생각을 다 할 수 있는 것이 사람의 마음입니다. 고요히 마음 가운데 기도하면서 하나님 앞에 전부를 드립니다, 하는 마음의 기원을 계속적으로 불러내 가는 일이 별로 많지 않은 것입니다. 교회에서 찬양대들이 찬양하는 소리만 들으면서 하는 사람도 헌금을 하고 나서 찬양하는 소리를 듣지만 별로 자세히 알아들으려고 하지 않고 뭔지도 모르겠다는 것이 현실입니다. 실지로 찬양대들이 왕왕 해 놓으면 무엇인지 잘 모르는 것입니다. 합창에서는 가사가 그리 큰 의미를 안 갖기 때문입니다. 차라리 단조롭게 '할렐루야'만 가지고 자꾸 부르는 것이 오히려 어필하는 데 낫습니다.

원래 음악에서 합창의 의미를 이야기할 때 합창은 독창에서 시가 차지하는 식으로 가사라는 것이 그리 큰 비중을 차지하지 않습니다. 다만 그 음이 연합해서 '아' 나오는가, '오' 나오는가, '음' 나오는가, '이' 나오는가, 그렇게 오히려 음의 효과를 더 노리는 것입니다. 그러니까 그렇게 하는 것보다는 헌금을 하면서 계속적으로 자기 마음에 부르짖는 것을 가지고, 중심으로 찬송을 할 수 있으면 좋습니다. 마음으로 하는 것이야 그 사람의 책임이니까 어찌할 수 없지만, 적어도 중심으로 그 찬송을 드릴 기회가 있는 것이 바람직할 것입니다. 우리의 헌상 찬송에는 누구든지 중심으로 '하나님 앞에 이 몸 이 마음 다 주께 드립니다' 하는 심정을 표시하려고 하는 사람은 다 하게 되어 있습니다. 그렇게 하여 전체적으로 하나님 앞에 경배하는 것이 참 의미를 갖게 된다고 생각합니다. 그러고 나중에 예배 끝나면서 우리가 다시 하나님께 '성부 성자 성령께 영광, 영광을 찬송합니다. 아멘, 아멘' 하고 끝내는 것입니다.

이런 찬송을 우리가 부르면서 교회에서 신앙생활을 늘 해 나갈 때 그것 자체가 우리에게 어떤 일정한 성격과 독특성을 부지불식간에 세월이 가는 데 따라서 만들어 내게 됩니다. 찬송을 한 번 부르면 재미있다 혹은 참 의미가 있다 하는 정도에서 끝나지를 않습니다. 그것을 1년을 부르고 3년을 부르고 5년을 부르고 10년을 부르면 그러는 동안에 우리의 성격은 전혀 변화 없이 전과 동일할까요? 신앙의 자태, 하나님께 대한 믿음의 태도, 또 내 심정에서 움직이는 믿음의 방향이나 방법이 부지불식간에 훈련되는 것입니다. 부지불식간에 훈련이 되어 있기에 그렇게 찬송을 하고 지나가던 심정이 그렇지 않은 사회에 들어가서 예배를 드린다고 찬송을 잡다하게 하고 지나가면 조금 이상하다는 이질감을 느낄 것입니다. 전과 같이 훨씬 합리적으로 구체적으로 나를 밀고 나가는 것 대신 그냥 어떤 일반적인 소리에 의해서 움직이는 것이 나오는 겁니다.

센티멘털리즘과 경건주의

프로테스탄트 찬송이 근래 한국 교회에서 혼탁한 현실을 빚어가는 것이 많이 보입니다. 옛날 장로교가 단순하게 찬송할 때는 주로 미국에서 온 장로교회 선교사들이 미국에 있는 찬송들을 번역해서 넣었는데, 그 후에 여러 교단에서 부흥성가라 해서 묘하게 부흥회 하는 데서 왁자왁자 하는 찬송, 그렇지 않으면 행진곡 같은 벅적벅적 해가는 것들을 많이 끌고 들어왔습니다. 그리고 찬양대라는 것이 생기니까 이미 다 알고 있는 찬송을 하기가 쑥스러웠는지 그걸 하지 않고, 알지 못하는 찬송을 해야만 무슨 멋이라고 장로교에서 부흥성가를 끌고 나와서 막 불렀습니다. 그러면서 그것을 듣고 듣고 듣는 가운데 '아 우리도 같이 부르자' 하고서는 나중에는 손뼉을 쳐 가면서 부르는 데까지 다 이른 것입니다. 그리고 리듬도 마음대로 고치고 속도도 고쳐 가지고 복작복작 해 가면서 나중에는 북까지 두드리게끔 되었습니다.

이렇게 해놓고 무슨 종교적인 대성회라고 굉장한 대회를 열어 가지고 욱신욱신 떠들고 좋다 하는 식으로 노래를 불렀습니다. 노래 그 자체로 공중에 붕 떠 있는 심정을 끌고 다니는 식이었어요. 착 가라앉아서 착실하게 겸손하게 부복하고 하나님 앞에 고요히 묵상하고 그 영광을 앙모하는 심정으로 끌고 가는 것이 아니었습니다. 원래 그런 심정을 가졌던 사람도 그렇게 부흥회 하는 데 가서 떠들고 찬송들 해대는 소리를 들으면 하나님을 찬송하는 것보다 무슨 기세를 올리는 정신으로 이끌려 들어가는 것입니다. 아르미니우스적인 생각에서 끌고 나가는 감정주의파 운동이나 그런 정신으로 무슨 통일을 하겠다고 합니다. 더군다나 거기에 방언파라든지 경건주의가 섞여서 센티멘털리즘에 호소해 나가는 것들이 많이 끼이게 되었습니다.

나중에 찬송가를 크게 만든다고 그것들을 다 섞어 가지고 만들었습니다. 그래서 '신편 찬송'인가 그 다음에 '합동 찬송'인가 그런 찬송가를 만들어 내놓았습니다. 합동해서 만들어 내놓았다는 것인데 신학상 교리나 신앙상 주장을 온통 뒤섞은 것을 함께 놓고 불렀습니다. 곡을 꼭꼭 집어내 가면서 이것은 아니고 이것은 기다, 그렇게 한 사람이 드뭅니다. 목사로서 그런 사람이 참 드물었어요. 대체로 목사가 주장해서 그렇게들 불렀습니다. 아무 소양(素養)도 없는 이가 좌우간 말만 근사하게 후닥닥 말을 갖다가 들어 붙이는 재주만 보여도 대단한 재주로 알았습니다. 교회에 부흥사가 와서 부흥회를 하는데 효도를 하나 강조하면 효도에 대한 찬송을 후딱 어디서 뽑아다가 '한 장 찾아 부릅시다' 하였습니다. 효도를 강조했으니까 우리도 이제 한번 떠들어 보자는 것입니다. 또 성경에 대한 강설을 했다면 의미도 잘 모르면서 그냥 성경에 대한 찬송이라고 '하나님 아버지 주신 책은 귀하고 귀하신 말씀일세' 또는 '어머니가 주신 성경'인가 그런 찬송을 가져다 부릅니다. '왜 찬송을 하는가?'를 진지하게 생각지 않습니다. 하나님께 찬송을 하려는 것보다 자기네가 들은 바를 보편적으로 알고 있는 곡조에다 기탁해 가지고 그걸로 토로해 보자, 그것 아니겠어요? 그것이 자기의 종교적 감정의 토로가 되지 찬송이 되겠느냐 그것입니다.

찬송은 가장 숭고한 경우에는 하나님 앞에 직접 올라가고 하나님께 직접 아뢰는 것이 됩니다. 찬송에 신령한 노래라 해서 자기의 신앙을 토로하는 면이 없는 것이 아니나 예배할 때는 그렇게 하지 않는 것입니다. 예배 이외에 기도회를 한다든지, 같이 모여서 무슨 의논을 한다든지 할 때는 그런 찬송도 부를 수 있습니다. 하지만 예배할 때 제일 중요한 대상은 하나님이지 우리들의 기분이 아닙니다. 그러니까 자기가 슬프든지 기쁘든지 하는 문제가 아니고 하나님은 영광을 받으셔야 하겠고 높임을 받으셔야 하겠고 기림과 찬양을 받으셔야 하겠다는 것이 앞섭니다. '하나님의 속성을 나는 이제 묵상하고 내 마음이 그것을 깨달아야겠다. 그래서 아, 그런 선하신 하나님, 의로우신 하나님, 사랑이신 하나님을 나는 이렇게 노래를 불러야겠다' 하는 마음이어야 한다는 것입니다. 즉 사람의 마음이 하나님 중심으로 자꾸 변해야지 자기의 종교 경험이나 감정이나 자기의 종교적 흥분을 중심으로 무엇을 끌어내려는 것은 향상이 아니라 타락입니다. 그런데 찬송가에 그런 것이 많이 들어 있습니다.

우리는 곡에 있어서도 경배의 찬송이나 성삼위송이나 모두 교회에서 부를 때 센티멘털리즘에 호소하지 않게 했습니다. 마음 가운데 조금 애수 있는 심정이 있을지라도 그것이 감상주의에 빠져 가지고 자기를 토로하지 않게 했어요. 오직 주님을 사모해 가면서 마음이 슬퍼도 주를 향해서 슬픈 심정을 토로하게 했어요. 찬송이 가지고 있는 본래의 의미는 항상 주님이 거기 계시고 주님이 들으시고 주님 앞에 내 사정, 내 거룩한 심정을 이렇게 호소합니다, 하는 데다 항상 집중하라는 것입니다. 자기 자신의 종교적인 흥분이나 감흥을 묘하게 센티멘털한 가곡에 기탁해서 나타내겠다는 것이 아니라 말입니다.

이렇게 우리가 찬송을 해 나가면서 살면 우리의 입맛이 자연히 건실하게 되고 건강한 위치에서 신앙생활을 하는 데에 참 도움이 됩니다. 우리의 정신도 정서도 항상 하나님 앞에서 건전하게 건강하게 도야(陶冶)되어야지 센티멘털하게 도야되어서는 안 될 것입니다. 사람의 정신이 센티멘털하게 도야되어 무엇만 보아도 눈물이 주루룩 흐르고, 무엇만 보아도 마음이 상하고, 무엇만 보아도 항상 눈에 어려 가지고 슬픔에 빠진다면 그것은 건강한 상태가 아닙니다. 하나님 앞에는 항상 울고 슬퍼하고 센티멘털할 것이 아니라 항상 건강하고 건실해야 합니다. 울더라도 울 만한 깊은 문제 앞에서 울고, 웃을지라도 하나님 앞에서 참으로 기뻐할 만한 중요한 이

유로 웃되, 사람이 깊어지고 건강해져서 하나님이 보시기에 거룩히 구별한 사람다운 정서 생활을 하는 것입니다. 그런 것을 도야하라는 것입니다. 그러니까 이런 점에서도 기존의 찬송가가 많이 있을지라도 교회에서 찬송을 새로 짓기 시작한 것인데, 그런 뜻을 아시기 바랍니다.

이것이 얼마만큼 효과를 냈는지 모르겠으나 우리 집사님들은 어느 정도 아실 것입니다. 과거 여러 해 동안 이 새로운 찬송을 부르면서 지내왔으니까 과거에 다른 교회에 있을 때 찬송을 부르면서 지내던 것보다는 의미가 있고 생각하는 방식도 건실하고 건강하게 나가던가요? 아니면 여전히 감정주의적이고 감격적이고 어쩔 줄 모르며 울고 매달리던 식이던가요? 그리고 중요한 공의의 문제나 하나님 앞에서 사명의 문제에서는 떡 쪄 먹은 듯 나는 몰라라 하고 마냥 앉아서 복 받으면 좋겠다고 주여 주여 하며 막 붙들고 매달리게 되던가요? 어느 편이 되던가요?

내가 가만히 관찰을 하면서 우리 교회의 집사님들 교인들을 다 보면 교회에서 이 찬송을 부르면서 자라나는 상태에서 부지불식간에 다 항상 마음들이 느긋합니다. 옛날 동양식으로 이야기하면 요조숙녀(窈窕淑女)이고 대인군자(大人君子)가 되어 가지고 있어요. 함부로 뭘 특별히 하려고 안 해요. 괜히 울면서 야단을 내거나 센티멘털리즘을 토하려고 반절 울어 가면서 '멀리 멀리 갔더니' 하거나 '돌아와 돌아와' 하지 않습니다. 그렇게 하는 것은 찬송이 아니라 자신의 슬픔, 감상주의를 나타내려는 것인데, 그런 일을 하지 않는다 말씀입니다. 누군가 우리 교회 찬송가를 가지고 혹시 집사님들 누구라도 굉장한 감상적인 심정이 있으면, 그 감상을 한번 표시해 보려고 해도 그것이 잘 안 맞았을 것입니다. 차라리 그전에 있던 합동찬송가에 있는 무엇을 끄집어내다가 불러야 그것이 좀 맞을 것입니다.

비교적 가장 애수가 있는 찬송을 꼽아보자면 "내 주 예수님 내 구주님 나의 죄를 대신하사"(경배송 VII, 72장)인데, 그것도 불러 놓고 보면 '아 그게 아니고 이상의 세계, 어떤 아름다운 세계를 사모해서 나가는구나' 하고 알게 됩니다. 왜냐하면 그 찬송을 예루살렘에서 쓸 때에도 여기가 예루살렘이지만 이것 말고 참된 하늘의 예루살렘을 동경해 가면서 썼거든요. 그리고 갈릴리 바다를 보아 가면서도 찬송을 썼습니다. 요컨대 '이런 센티멘털리즘으로 살 수가 없는 것이다. 언제든지 아름다운 세계, 하나님 나라의 거룩한 것을 동경하면서 살자' 이런 의미를 집어넣었습니다. 이러다 보니 제가 지어 놓고서는 스스로 잔뜩 추키는 이야기가 되었습니다. 찬송을 하도 안 추켜 주니까 내가 추키는 것이 되었습니다. 그런데 안 추키더라도 최소한 이런 의도와 이런 목적이 거기 있다는 것을 아시기 바랍니다. 이 찬송을 불러 가지고 센티멘털하기를 바라지 않고 광신(狂信)이 되기를 바라지 않고 감상주의적 신자 되기를 바라지 않습니다. 착실히 서서 자기의 매일 생활을 진실하게 영위하면서 하나님이 요구하신 무엇을 해 나가는 사람 되기를 바라는 것입니다. 그것이 참 중요한 일입니다.

또 하나는 아까 말한 대로 오늘날 20세기에 와서 찬송이 타락해 갔다는 것입니다. 영미(英美)에서 처음에 개척자들이 찬송을 불러 나갈 때, 경건주의 운동과 퓨리턴 운동 그런 것들이 섞여 가지고 찬송을 많이 만들어 불렀습니다. 그래서 개혁교회가 전통적으로 생각하는 비교적 엄숙하고 장엄하고 그리고 하나님 앞에서 경건하게 하나님을 우러러보는 찬송은 그렇게 많지 않습니다. 교회마다 찬송을 선택해서 부르는 데도 다 그 교회의 특성들이 있습니다. 그중에도 좋은 찬송들이 있습니다. 옛날 십자군들이 품었던 생각이라든지 칼빈 선생이 제네바에서 부른 찬송, 그런 것은 가사만 남았지만 거기다 곡을 붙일 때는 센티멘털한 곡을 붙여서는 안 될 것입니다. "구주님 앞에 나왔나이다" 하고서 구주 앞에 나왔다는 이야기부터 시작하게 딱 만들었습니다. 그런 것들이 얼마간 남아 있습니다. 영국이나 미국 계통에서 나온 현대 찬송은 경건주의

(pietism) 운동이나 종교적 정서 운동에 많이 침륜(沈淪)을 당해 가지고 거기에 의거한 찬송이 많습니다.

그런데 우리 한국 사람의 센티멘털리즘에 그것이 잘 들어맞습니다. 찬송을 많이 냈어도 그래서 "만유의 주재" 이런 것은 그렇게 많이 안 부르고, "내 주를 가까이" 하든지 "멀리 멀리 갔더니" "웬 말인가" 하든지, 삼박자 식 흔들흔들(swing) 하는 것이나 그렇지 않으면 센티멘털하게 삼박자의 리듬으로 천천히 움직이는 것들을 다 좋아합니다. 과거부터 지금까지 부흥회 하는 데 그런 것을 썼습니다. 부흥회 하면서 장엄하고 경건하게 부르는 곡은 별로 없었습니다. 있더라도 몇 손가락 안에 꼽을 정도였습니다. "예수의 이름 권세여"라든지 그렇지 않으면 "성재, 성재, 성재"라든지는 참으로 좋은 찬송입니다. 그것을 비교적 알았다고 하더라도 몇 개뿐이고 나머지는 센티멘털한 것과 막 함께 뒤섞여 있습니다. 그래서 온통 섞어 가지고 야단을 냅니다.

새로운 찬송의 기운

이런 걸 보아서도 우리가 찬송의 새로운 기운을 반드시 불어넣어야겠다는 생각을 더 하게 됩니다. 그래서 우리 교회에서 새로운 찬송을 쓰기 시작할 뿐 아니라 이러한 것들이 앞으로 더 생산이 되고, 가져다가 부르는 사람들이 있어서 그것으로 훈련을 받고 또 그것으로 정서가 도야를 받아서 씻음을 받는다면 큰 유익이 되겠다는 생각이 있습니다. 가령 우리의 '경배송 I'(43장) 같은 것은 감상적인 것에 호소를 안 합니다. "오 여호와" 이렇게 부를 때도 장엄하고 진정으로 속에서 우러나오게 만들지, 센티멘털하게 쪼르르 눈물을 흘려 가면서 부르는 소녀 식 노래가 아니라 말입니다. 그런 것으로 도야를 해보십시오. 사람의 정신을 죽 그렇게 길러 본다면 그의 정신이 하나님 앞에서 튼튼하고 건강하게 되는 데 좋은 보조가 될 것입니다. 우리가 거룩히 살아가는 게 소원인데 그런 것이 도움이 된다는 것입니다.

그런 점에서 우리가 가령 연속 찬송 1번('경배송 I'을 부른 다음에 '성삼위송 I'로 이어짐) 같은 것을 할 때 그런 찬송에서 얻는 은혜가 있습니다. 우리 교회에서 그것을 다 부르고 났을 때 가지게 되는 마음 가운데 경건하고 단정하고 또 숭엄한 심정을, 나 자신은 과거에 장로교회에서 살면서는 거의 느껴 보지 못했습니다. 수많은 집회에도 가고 찬송을 많이 불렀지만 그렇게 찬송 자체가 경건하게 내 마음을 딱 압도하고 안정해 주는 그런 심정을 경험하지 못했습니다. 계속적으로 연속 찬송을 불러 보십시오. 그리고 부르는 순서도 본래 그렇게 되어 있습니다. 이렇게 부르면 여기에 은혜가 있는 것이라고 마련해 놓은 것입니다. 찬송이 꼭 넉 절을 만들어 놓고 반드시 반복해야만 하는 것도 아닙니다.

성삼위송을 딱 불러 놓고 기도한 다음에 경배의 찬송을 부르면 참 숭엄하고 좋습니다. 우리 교회에서 그걸 부를 때마다 느끼는데, 전에 처음 성약교회를 시작한 뒤에 과거의 생활에서 나와서 이 찬송을 가지고 새로운 찬송을 부르던 시초에는 현저한 대조가 있었습니다. 시방은 하도 많이 불러서 많이 익은 상태이고 또 다른 찬송을 별로 안 부르니까 그게 없습니다. 하지만 그때는 다른 찬송을 많이 부르고 살다가 턱 와서 이제 변경하자고 끌고 나아갈 때 마음 가운데는 간절한 심정이 생기고 그래서 현저한 대조를 느끼고 그랬습니다. 이것은 제가 실험을 해봤습니다. 전주에서 소위 '못난이'들을 데리고, 못난이회 합창단 70명을 데리고서 그걸 죽 해보았습니다. 그 가득 차게[滿堂, 만당] 앉은 수많은 사람이 다 같이 숙연히 마음 가운데 참 신성함을 느꼈다는 것입니다. 찬송 음악이라는 것은 신성한 심정을 주어야 합니다. 주께 대한 비통한 심정이 있을 때라도 신성해야 합니다. 그러니 감상적으로 변하고 향락적으로 변하면 안 됩니다.

좋은 찬송들 가운데서 늘 지내는 것이 좋습니다. 그러려면 예배 자체가 항상 숭엄하고 신성하고 단정해야 합니다. 예배가 그냥 잡

다하게 되면 안 될 것입니다. '참으로 경건한 심정 가운데 하나님 앞에 두려움을 가지고 섰습니다.' 이것이 마음을 지배해야 합니다. 우리가 연속 찬송뿐 아니라 교회의 예배 프로그램에 따라 집행할 때 그런 숭엄성을 느끼지 않습니까! 마음 가운데 단정히 또 엄숙히 하나님 앞에 섰습니다, 하는 그것이 다 있지요? 그렇게 예배하는 심정이 딱 지배를 해야 합니다. 그게 누가 말을 길게 하거나 그런 주장을 해서 되는 것이 아니라 주로 찬송을 하면서 그 찬송이 무슨 정서를 일으키는가에 많이 달린 것입니다. 찬송이 꽉 단속해주고 숭엄하게 해주는가? 이제 이런 데서 우리 교회의 특성이라는 것이 벌써 하나 형성되어 나타나 있습니다. 이런 특성을 가지고 있는 교회로서는 그 특성을 잘 살려 나가는 것이 이 시대의 혼탁한 교회의 현실에서 우리가 마땅히 취할 태도일 것입니다.

1974년 5월 14일

찬송의 음악미

시편 148:1-14

¹ 할렐루야 하늘에서 여호와를 찬양하며 높은 데서 찬양할지어다 ² 그의 모든 사자여

찬양하며 모든 군대여 찬양할지어다 ³ 해와 달아 찬양하며 광명한 별들아 찬양할지

어다 ⁴ 하늘의 하늘도 찬양하며 하늘 위에 있는 물들도 찬양할지어다 ⁵ 그것들이 여호

와의 이름을 찬양할 것은 저가 명하시매 지음을 받았음이로다 ⁶ 저가 또 그것들을 영

영히 세우시고 폐치 못할 명을 정하셨도다 ⁷ 너희 용들과 바다여 땅에서 여호와를 찬

양하라 ⁸ 불과 우박과 눈과 안개와 그 말씀을 좇는 광풍이며 ⁹ 산들과 모든 작은 산과

과목과 모든 백향목이며 ¹⁰ 짐승과 모든 가축과 기는 것과 나는 새며 ¹¹ 세상의 왕들과

모든 백성과 방백과 땅의 모든 사사며 ¹² 청년 남자와 처녀와 노인과 아이들아 ¹³ 다 여

호와의 이름을 찬양할지어다 그 이름이 홀로 높으시며 그 영광이 천지에 뛰어나심이

로다 ¹⁴ 저가 그 백성의 뿔을 높이셨으니 저는 모든 성도 곧 저를 친근히 하는 이스라

엘 자손의 찬양거리로다 할렐루야.

찬송의 음악미

하나님의 객관적인 미를 전달해야 하는 찬송

찬송이 가지고 있는 정신을 이야기할 때 찬송이 되려면 항상 하나님 앞에 올라가서 제사로서 하나님이 흠향을 하셔야 하는 까닭에 자기 혼자의 넋두리, 자기의 개탄, 자기 감정을 토로하는 것으로 끝나면 안 되는 것이라 하였습니다. 우리 인간이 가지고 있는 애상(哀想)이나 자기의 감탄이나 자기가 가지고 있는 넋두리, 이런 것은 하나님을 직접 찬송하는 것과 관계없는 것이 된다고 그랬습니다. 종교적인 센티멘털리즘이라도 센티멘털리즘인 것입니다. 아무리 종교적이라고 할지라도 결국 센티멘털리즘인 까닭에 그런 것을 거기에 섞어서 하는 게 아닙니다. 제일 중요한 것은 곡과 가사가 지니고 있는 객관적인 하나님의 미를 전달하는 것을 추출을 해서 그것을 표현하도록 하는 것이 중요합니다. 노래를 부르든지 연주를 하든지 하는 자신이 훨씬 객관적인 관조(觀照)를 할 수 있어야 합니다.

음악 가운데서도 바로크 시대나 고전 시대의 음악을 볼 때에는 객관성이 훨씬 많이 요구되었습니다. 반면에 낭만파의 음악으로 들어오면 훨씬 자기 자신의 기분에 따라서 자기 마음에 울리는 것을 많이 나타내는 경향이 있습니다. 그러나 그 이전 시대로 올라갈 것 같으면 훨씬 미 자체가 가지고 있는 보편적인 요소에 의해서 만들어 간 경향이 많습니다. 어떻게 생각해 보면 사람들은 그것을 미학적으로 따질 때, 그렇게 객관적으로 할 것이 아니라 사람이 자기 마음 가운데 있는 열정적인 감격이나 느낀 깊은 미감을 자기 재주껏 표현하는 것이 좋지 않느냐 하는 식의 아이디어를 많이 갖게 되었습니다. 지금도 그렇고 옛날도 그렇습니다.

그러나 서양의 미학에서 강한 주장을 한 한 유파는 '그렇게 해서는 안 된다. 항상 미는 그 자체가 객관성을 유지하는 것이 좋다. 우리의 감정 여하는 절제해서 표현해야 하고, 가지고 있는 객관성을 잘 추출해서 그것을 나타내도록 해야 하는 것이다. 작곡을 하는 사람들도 항상 그렇게 정신을 차려서 하는 것이 좋다'고 합니다. 이 세상에서 음악 예술을 만들어 내는 사람들은 이렇게도 저렇게도 해서 소위 걸작이라는 것을 만들지만, 미의 객관성이란 결국 널리 말하면 보편성이라는 것인데, 그것은 어떤 사람에게든지 아름다운 것은 아름다운 것이다 하는 것을 느낄 수 있는 요소라는 것입니다.

그런 요소는 여전히 형식의 정연한 바인데, 멜로디면 멜로디 자체가 무리한 진행을 함부로 하지 아니하고 항상 미가 단정하게 진행하는 그런 데 있습니다.

그런 사람들의 작품을 우리가 보면 거기에 다소 예외가 없는 것은 아니나 그 작품 자체에 일반적으로 흐르는 자연성, 무리를 하지 않는 자연성이라는 것이 있습니다. 예를 들 것 같으면 멜로디라 할 때에도 우리의 귀와 전통적인 습성에 따라 어떤 소리는 다른 소리와 비교할 때 어떤 키(key, 調)라는 것에 의해서 그 소리가 성격을 갖게 됩니다. 그 키가 없어지면 그 소리가 독특한 성격을 갖지 못합니다. 아~ 하는 소리를 냈으면 그게 무슨 소리인가? 올라가든지 내려가든지는 상관없지만 아~ 이런 소리를 주조(主調)로 삼고 아~ 소리를 냈다면 그때는 벌써 성격을 갖는 것입니다. 그래서 소위 능동적인 음(active tone)이 있고 수동적인 음이라는 것이 생기는 것입니다. 그렇게 해서 하나의 경향을 갖게 됩니다. 레(RE)는 리이하든지 리 그 뒤에서 어떤 소리가 있는가에 따라서 올라가든지 내려가든지 합니다. 리~ 하면 반드시 내려오고 리~ 이러면 올라가야 합니다. 이렇게 그 자체가 가지고 있는 자연스러운 성격이 벌써 생기는 것입니다.

따라서 객관적인 미라는 것을 존중하는 사람은 무리한 진행을

시키지 않습니다. 그 소리 자체가 바로 올라가야만 하는 것은 아니지만 그것이 돌아가고 돌아갈지라도 항상 빚을 지고 있습니다. 빙빙빙 돌다가도 결국은 올라가고 마는 것입니다. 그리고 내려갈 소리인데 내려갈 소리가 내려가지 않고 올라갔으면 한 번 더 치고 섰다가 다시 내려오는 것입니다. 이러한 독특한 성격들을 모두 가지고 자연스럽게 구사해서 사람들 귀에 들리기에 '아, 당연히 그렇다'고 아주 논리적으로 수긍하게 됩니다. 미감적으로 수긍을 하게 만들어 줍니다.

로맨티시즘 작품들이라고 그런 요소가 전혀 없는 것은 아닙니다. 로맨티시즘도 초기의 것 가령 베토벤 작품 같은 것을 볼 때 엄격하게 그것을 사용했습니다. 그런고로 멜로디 라이팅(melody writing), 즉 선율 쓰는 것을 음악학교에서 강의를 한다든지 할 때는 베토벤의 작품에서 많이 인용을 해서 보라고 합니다. 아무리 낭만주의자라고 해도 정연하게 어떤 규칙을 써 놓고서 그 사람들이 가지고 있는 낭만적인 요소를 거기 추려 넣는 것입니다. 때때로 새로운 화성을 도입한다든지 불협화음을 협화음과 대조시킨다든지 하는 그런 스타일을 취하는 것입니다.

이런 전문적인 음악에 대한 설명은 음악미학에 대한 이야기이지만 우리가 찬송이라는 것을 정당하게 이해하기 위해서는 근본 음악의 미, 음미(音美)의 근본론을 어렵더라도 하지 않을 수가 없습니다. 그런 것을 무시하고 덮어놓고 허술하게 찬송을 논한다면 모든 것이 가지고 있는 기본적인 중요한 위치, 도리, 하나님이 내신 법칙을 다 무시해 버려도 괜찮다는 이야기가 되는 것입니다. 사람의 건강에 대해서도 하나님이 내신 법칙이 있어서 생리적으로나 의학적으로 자세히 주의해서 잘 대처를 해야 합니다. 그러하지 아니하고 막 뛰기 식으로 '에이 괜찮다. 이렇게 하니 좋더라' 하면 질 수 없는 부담을 지게 합니다. 그렇게 하는 것은 일이 아닙니다. 이것은 결국 무식이 유식보다 낫다는 이야기밖에 안 되는 것입니다.

이런 점에서 볼 때 찬송에도 아주 무리하고 거칠고 조잡한 생각들이 많이 있는데 그런 것을 주의해야 할 것입니다. 미감 훈련이 전혀 안 된 사람들이 자기 기분에 맞는 대로 자꾸 해나가면 좋은 찬송이 되지 않습니다. 사람은 다 그만큼 정력을 들이고 시간 들이고 노력하고 훈련해서 좀 더 깊고 의미 있는 것을 간취할 수 있습니다. 그래서 그런 능력이 있으면 그런 것을 존경해야 하는 것이지, 그런 것 다 무시해 버리고 자기의 조잡하고 훈련 안 된 것이라도 기분대로 무엇이 맞으면 좋다고 하는 것은 정당한 이론이 아닌 것입니다. 이런 의미에서 우리 교회는 특별히 찬송에 대해서 늘 주의를 기울여야 합니다.

지난번에 말씀드린 대로 찬송이 가지고 있는 객관적인 미라는 것에 주의해야 하고, 새로운 찬송이 자꾸 나와야 하겠다는 것입니다. 또 찬송이 가지고 있는 객관적인 미라는 것은 함부로 슬픔[哀想, 애상]을 도입하지 않는 것이라고 하였습니다. 내 자신이 슬프든지 기쁘든지 가난하든지 부요하든지 하는 것과 상관없이 하나님은 찬송을 받으셔야 하고 우리는 하나님의 영광을 찬송해야 한다는 이 점을 엄격하게 견지해야 합니다. 그때 또 하나 말씀을 드린 것이 찬송 가사에 관한 이야기였습니다. 가사가 가지고 있는 은유법이라든지 시적인 여러 수사학적인 표현이라는 것은 그것이 수사학이라고 할지라도 교리의 영역을 벗어나면 안 되는 것이라고 했습니다. 교리를 오해시킬 만한 묘사[修辭]를 했으면 수사(修辭)로서 의미를 가지지 못하는 것이고 가치가 없는 것입니다. 시간적으로 범주를 정할 수 없는 것을 많은 시간을 들여서 가는 것 같은 그런 말을 쓰는 것이 좋지 않습니다. 또 분명히 교리상 무엇을 표시해야 할 것인데 그것인지 아닌지 모르게 막연하게 끝내고 마는 것도 좋은 것이 아닙니다.

"성령이여 강림하사 나를 감화하시고 ……" 이 찬송은 믿는 사람들이 새벽기도회를 하든지 부흥회를 하면서 많이 합니다. 그런데 "성령이여 강림하사" 하는 것이 대체 지금 무엇을 요구하는 말인지 모르겠다면 문제입니다. 성령을 받지 못했으니까 성령을 받자는 이야기입니까? 부흥사가 성령을 받아야 한다고 외쳐 대면, 그것은 교리상 완전히 잘못된 것입니다. 교리상 잘못되었다든지 잘되었다든지 하는 말은 결국 어떤 교리와 신앙고백을 분명하게 천명하는 교회를 전제로 하는 것입니다. 개혁교회면 개혁교회에서 부를 수 있는 찬송이 있고 불러서 안 되는 찬송도 수두룩합니다. 개혁교회에서는 그것을 그렇게 안 믿으니까 그렇게 부를 수가 없습니다. 단순히 개인의 도덕 관점으로 봐서도 부를 수 없다든지 하는 것도 있지만, 그런 것보다 교회로서 가지고 있는 신앙고백에서 벗어나는 찬송은 찬송으로서 아무리 센티멘털리즘을 조장해 주고 눈물을 흘리게 만들지라도 찬송의 의미를 안 가지는 것입니다. 가사의 선택에서도 아무리 메타포를 쓰더라도, 여러 가지 시적인 표현을 쓰더라도 교리의 명백한 표시의 카테고리를 벗어나서 쓰면 안 되는 것이라고 했습니다.

「주님을 찬송함 No.1」

오늘은 그것을 다시 더 길게 이야기를 않고 강조를 하면서 지나갑니다. 우리가 아까 잠깐 부른 「주님을 찬송함 No. 1*」은 우리 교

---

* 미출판 악보, 부록에 수록됨.

회의 찬송이니까 자연히 그 자체가 명백하게 교리적인 태도를 취하고 있는데, 이 찬송을 부를 때 한 가지 우리 교우들이 주의하실 것이 있습니다. 이 찬송이 다소 늘어지고 스러지게 부르면 좋은 것 같으나 그렇지 않습니다. 우리가 하나님 앞에 섰습니다, 그 어전에 섰습니다, 하는 데로 자꾸 들어가야 합니다. "거룩하신 어전에 섰나이다. 내 하나님 내 구주 예수여 영광의 광명으로 비추어 주옵소서. 신성한 어전에 엎디어 경배와 찬양 드리나이다." 이렇게 경배를 하자는 찬송입니다. 자기의 종교 감정을 그냥 토로하는 찬송이 아닙니다. 그런고로 훨씬 엄숙하게 불러야 하고 소스테누토(sostenuto)로 함직한 노래입니다. 그렇지만 템포가 너무 느려져 자신의 감격을 거기다 담아 가지고 스러지게 부르는 것보다는 서서 장엄하게 그리고 훨씬 경외하는 심정으로 힘을 들여서 죽죽 불러 나가는 스타일의 찬송입니다. 그러니까 조금 속도를 내어 처음 얼마 동안은 좀 빠르게 불러 보세요. 가사가 차례차례 우리를 그 어전으로 이끌고 나가는 방식으로 되어 있습니다. 이 찬송은 늘 그런 스타일로 부르세요. 조금 늘어지기 쉬우니까 늘어지게 부르지 말고 몸을 펴고 엄격하게 세우고 숭엄성을 가지고 부르세요. 우리 교우들이 다 같이 아는 것이 아니니까 여기서 시작은 독창을 하든지 혹은 이중창이라는 형식을 취해서 해봅니다. 결국은 교회의 찬송인 까닭에 교회가 하도록 해야 하겠습니다. 이 찬송이 이 교회에도 처음으로 나왔을 뿐 아니라 세상에도 처음으로 나온 것인데, 막 작곡해서 나와 그대로 부르고 또 부르고 한 것입니다. 이 찬양에 대해서 교우들이 낮에나 다른 시간에 연습하셨다가 차츰차츰 알게 되면 다 같이 부르시기를 바랍니다.

하나님 앞에 같이 찬송을 드리는 것이 우리가 늘 하나님 앞에 같이 기도하는 것과 함께 심히 중요한 것이지만, 늘 말씀드린 대로 찬송은 기도보다도 경배의 경계에 훨씬 더 가까운 것입니다. 원래 경배에 도달하는 그의 영혼 혹은 그의 신(神)의 경계는 하나님 앞에 엎드려서 절하는 것입니다. 고요히 묵상하는 중에 그의 영혼이 찬양하는 심정으로 항상 '프로스퀴네오'(προσκυνέω)', 절하는 것입니다. 내 결핍을 생각하고 그 결핍을 탄식하면서 나아가 구하는 것보다는 하나님의 영광과 거룩하신 속성, 하나님의 엄위나 전능이나 또한 우리에게 계시되고 현시된 속성들에 대한 거룩한 명상이 찬양으로 우러나는 것입니다. 마침내 우리의 부족과 죄악을 보는 눈에서 올라와서 더 무한하시고 영원하시고 압도적인 하나님의 훈계와, 그것이 나에게 전달되는 사실에 대한 찬양이 솟아오르는 것입니다.

만일 하나님의 영광의 빛이 자기에게 참으로 비췄다면 그 마음의 경계가 필연적으로 하나님을 찬송하는 심정이 되어야 할 것입니다. 그래서 참된 찬송은 인간의 예술적인 정서 작용에 의한 것일지라도 예술적인 동기 아래서 생겨나는 것이 아닙니다. 사람의 기관에 의해 사람의 기능으로 작동하는 작용일지라도 거기에서 성령님의 역사가 일어납니다. 하나님의 미에 대하여 그가 관조하고 파악하는 것이 성령의 역사에 의한 작용이 되는 까닭에 단순히 예술적인 연출이 아닙니다. 사람이 보통 예술적인 심미감이나 심성을 가지고는 파악하지 못하고 터득하지 못하는 것을 성령님이 충만히 역사하심으로 비로소 깨닫고 느끼는 것입니다. 이렇게 해서 도달하는 자리가 찬송하는 경계입니다. 거기서부터 찬송의 대상인 하나님의 무한하심과 영원하심과 이루 다 형언할 수 없는 큰 은혜와 엄위 앞에 즉 인자와 엄위 앞에 내 영혼이 부복해서 절을 하는 것입니다. 이렇게 절하는 경계가 우리에게는 예배 혹은 경배라는 것입니다.

우리가 예배의 경계라 하면 단정한 마음으로 단순히 프로그램의 진행에 따라 합쳐 지나가는 것으로 예배를 이루는 것이 아닙니다. 예배의 경계라고 할 때에는 우리가 어떤 프로그램에 의해서든지 각각 자기가 그 시간에 그 경계에 도달해야 하는 것입니다. 예배의 행동은 회중 일반이 함께하지만 그 심령은 개개인이 주께서 이끄시는 대로 각각 예배의 경계에 도달해야 합니다. 이런 점을 우리가 생각해서 하나님을 찬송한다는 고귀함을 늘 마음에 품고 있어야 합니다.

찬송은 결코 인간의 충일(充溢), 소위 헬레니즘에서 이상으로 생각하는 생(生)의 충일이라는 데서 시작하는 것이 아닙니다. 생의 동기는 항상 여기는 거할 영구한 도성이 없다는 것이고, 자연히 장차 올 것에 대한 동경이 성립되는 것입니다. 사람은 하나님의 형상으로 지으심을 받은 까닭에 장구한 것에 대한 동경을 자연히 혹은 본능적으로 항상 지니고 있습니다. 그것이 사람이 사람 된 중요한 도리의 하나입니다. 만일 사람이 짐승이나 여타 무슨 다른 형태로 피조되었다면 그러한 인식 작용, 영혼의 깊은 작용은 생기지 않습니다. 말하자면 창조주를 향한 회향의 심정이나 구심적인 경향 혹은 힘의 발로는 발생하지 않습니다. 하지만 사람이 하나님의 형상을 좇아서, 즉 하나님의 거룩하신 존재와 하나님의 여러 현시의 형식을 따라서 피조된 까닭에 자연히 하나님께 대한 회향의 심정이 생겨서 항구한 것을 찾는 것입니다.

그런데 우리가 항구한 것을 찾거나 바란다고 하더라도 그것이 단순히 사람이 지니고 있는 자기 관념의 세계에 도달하는 데에서 그칠 수가 있습니다. 가령 그것이 진실하다고 할지라도 그저 관념의 세계에 도달한 것에 불과하다면 능력은 없는 것입니다. 자기의 전 인격과 심정으로 그것에 대한 확신을 갖지 못하는 것입니다. 거룩하신 하나님으로부터 오는 구원의 신앙이라는 사실은 그 자체가 무엇을 포함하고 있습니다. 자신이 바라고 있는 그 항구한 것이 구체적이고 인격적이라는 것, 친히 나와 관계하셔서 나를 건져내셨다고 하는 것이 거기에 분명히 있는 것입니다. 항구한 것을 찾는 심정은 철학에서 흔히 말하는 제1의 원리라는 것처럼 막연한 것이 아닙니다. 혹은 무슨 영적 기도의 실재라는 식으로 관념의 유희 가운데서 방황하지 않습니다. 거기에는 인격적으로 친히 주장하시며 관계하시고 나와 항상 교통하시는 하나님께 대한 마음, 하나님께 대한 갈구가 생기는 것이고, 그로 인하여서 찬송이 생기는 것입니다.

예수로 말미암아 찬미하는 제사

영구한 도성이 여기는 없고 장차 올 것을 찾는 까닭에, "이러므로 우리가 예수로 말미암아 항상 찬미하는 제사를 하나님께 드리자"(히 13:15)고 하였습니다. 그러니까 어떻게 해야 합니까? 이제 우리가 찬미를 해야 하는데, 이 찬미는 하나님과 관계를 맺는 거룩한 방식으로서 제사에 해당한다고 가르치고 있습니다. 하나님께서 사람이 어떻게 하나님 앞에 가까이 나아가느냐 하는 거룩한 방법을 제시할 때 제사라는 형식을 취했습니다. 그래서 속죄제나 속건제, 그리고 번제와 소제와 화목제의 제도를 하나님께서 마련하시고 가르쳐 주셨습니다. 이것이 이스라엘에게 형상과 모형을 가지고 나타내실 때에는 그런 모습들이었지만, 그것들이 가지고 있는 에스프리(정신)나 그것들 속에 있는 프뉴마[神]가 오늘날에는 어떻게 나타납니까? 너희에게 있는 것으로 형제를 구제하고 사랑으로 나눠 주는 것과 같은 봉사의 일이라든지 그렇지 않으면 하나님 앞에 찬송하는 형식 가운데에서 나타난다는 것입니다. 번제나 소제나 화목제에 나타났던 모든 참된 정신, 참된 능력의 요소들이 그 안에 있어야 할 것이라 말입니다.

그래서 찬송은 제사입니다. 제단에 놓고 불을 피우고 거기다가 희생을 드림으로써 드리는 형식의 제사는 아닐지라도 찬송은 옛날부터 구약 시대의 모형 곧 짐승을 희생하는 형식을 취하는 시대에도 찬송은 큰 제사였습니다. "내가 노래로 하나님의 이름을 찬송하며 감사함으로 하나님을 위대하시다 하리니 이것이 소, 곧 뿔과 굽이 있는 황소를 드림보다 주를 더욱 기쁘시게 함이 될 것이라"(시 69:30-31). 시인 다윗은 그렇게 찬송을 했고 노래를 했습니다. 큰 굽이 있고 뿔이 있는 황소를 드리는 것보다도 더한 제사는 찬송 찬미하는 제사이다! "그러므로 너희가 예수로 말미암아서" 찬미를 드려라.

찬송이 참으로 구체적으로 일으켜지려면 그냥 신이 창조의 능력을 친히 자연에 나타내심으로 드러난 자연의 미와 하나님의 엄위, 그것을 찬송하는 것에 머무는 것이 아닙니다. 여러분이 베토벤의 그런 작품을 들으셨겠지만 그런 데 그냥 주저앉지 마십시오. 오히려 예수로 말미암아서 찬송의 대상과 찬송에 도달하는 방도가 구체적으로 표시되었습니다. 하나님의 은혜가 '예수로 말미암는다'는 말 가운데 그것이 잘 드러납니다. "예수로 말미암아서 찬송의 제사를 하나님께 드리자." 막연하게 신의 엄위를 찬송하기도 하지만 범신론적 신에 대한 자기의 추상이나 찬탄이 아니라 예수 그리스도를 통해서 우리에게 명확히 계시해 주셨고, 우리에게 접촉된 그 하나님 앞에 찬미의 제사를 드리라는 것입니다. "이는 그 이름을 증거하는 입술의 열매"입니다.

여러분, 찬송이라는 것이 항상 귀한 것이고 심히 거룩하고 신중히 취해야 할 문제인 까닭에 우리 교회는 언제나 찬송에 대해서 주의해야 할 것을 강조해 왔습니다. 또 찬송의 말이나 찬송의 정신에 잡다한 것이 섞이는 게 도움이 되지 않는다는 생각으로 항상 교리에서뿐 아니라 찬송하는 정신을 유도해 나가는 관념을 형성해 나갈 때라도 주의를 기울였습니다. 그것이 명확하지 않아서 오해할 수도 있기 때문에 그런 우려를 배제하는 뜻으로, 가령 과거 우리들이 많이 부르던 찬송 가운데 특별히 경배에 해당한 것이면 '경배'라 하고 정립을 했습니다. 그런 것 가운데서도 더러 그 말이 원래 작자(作者)가 간절히 요구하고 바랐던 것대로 번역이 되지 않고 무슨 연고인지 허투루 번역되어서-그건 번역인 것 같아도 사실 조작일 텐데- 어색하게 만들어 놓은 것을 고쳐서 가급적 바르게 원작자의 정신을 전달하기 위해서 새로 번역도 하고 나갔습니다. 하지만 그보다도 우리 교회는 교회가 가지고 있는 하나님의 은혜로 독특하게 하나님을 찬송하기 위해서 새로운 찬송 작품들을 하나씩 배워서 주일마다 부르고 있습니다.

성도의 거룩한 교통

여러분, 예배식을 필하고 나면 시간이 나는 대로 커뮤니오 쌍토룸(Communio Sanctorum), 성도의 거룩한 교통이 또한 중요하다는 사실을 잊어버려서는 안 됩니다. 커뮤니오 쌍토룸이란 성도끼리의 교제가 첫째가 아니고, 성도가 하나님과의 거룩한 교통을 별다른 형식으로 표하거나 새로운 인식과 깨달음을 나누는 것이 중요한 일입니다. 우리가 같이 앉아서 서로 사랑하고 이야기하고 담화를 하는 데도 거기에 예수님이 같이 계시므로 하나님과의 거룩한 교통이라는 가장 근본적인 근거(basis) 위에서 교제를 하게 됩니다. 우리끼리 만나서 희희낙락하는 것이 다가 아닙니다. 거기에 항상 예수의 이름이 중요한 겁니다. 예수의 이름으로 모인다고 해서 성회로 모여야만 하는 것은 아닙니다. 예수의 이름으로 같이 음식을 먹을 수 있고 예수의 이름으로 같이 교제를 할 수 있습니다. '두세 사람만이라도 내 이름으로만 모이면 같이 하마' 하셨는데, 모인 형식과 스타일을 중요시하는 것이 아니라 예수의 이름이라는 거룩한 속성의 테두리, 그 증거 안에서 모일 것 같으면 내가 그중에 같이 하겠다고 하셨습니다. 그런고로 예수 그리스도와의 거룩한 교통에는 이런 커뮤니온(communion)도 중요한 것입니다.

그런 까닭에 나중에 우리가 같이 앉아서 성도의 거룩한 교통의 시간이 있을 때는 같이 이야기하는 것도 좋고 사정을 나누는 것도 좋고 마음을 서로 털어놓고 감추는 게 없는 것도 좋지만, 또한 하나님을 찬송하는 시간을 가지는 것이 좋습니다. 왜냐하면 우리 이야기라는 것이 별것이 아닙니다. 인간의 범주 안에서 늘 오가는 교제가 되기 때문입니다. 그러나 하나님을 찬송하면 그것은 항상 차원을 높이는 것입니다. 그러니까 찬송한다는 것은 우리가 같이 모이면 '기도합시다' 하는 것같이 중요한 것입니다. 기도하는 것은 신성하고 중요하고 엄숙한 것으로 다루면서 찬송하는 것은 그냥 좋다는 식으로 희희낙락하고 노는 것같이 다룰 수가 없습니다. 그 자체로는 기도하는 것보다 오히려 더 하나님의 거룩하신 사랑과 덕과 엄위를 기리고 높이는 일입니다. 그런 까닭에 기도보다 하나님을 진실로 높이는 것입니다. 기도할 때 나의 결핍이 중요한 테마가 되듯이 찬송할 때는 하나님의 사랑과 인자가 테마가 되는 것입니다. 찬송을 하는 것이 참 중요한 일인 줄 압니다.

1966년 6월 26일

5강

무거운
짐 진 자여
주께로
오라

마태복음 11:20-30

20 예수께서 권능을 가장 많이 베푸신 고을들이 회개치 아니하므로 그때에 책망하시되 21 화가 있을진저 고라신아 화가 있을진저 벳새다야 너희에게서 행한 모든 권능을 두로와 시돈에서 행하였더면 저희가 벌써 베옷을 입고 재에 앉아 회개하였으리라 22 내가 너희에게 이르노니 심판날에 두로와 시돈이 너희보다 견디기 쉬우리라 23 가버나움아 네가 하늘에까지 높아지겠느냐 음부에까지 낮아지리라 네게서 행한 모든 권능을 소돔에서 행하였더면 그 성이 오늘날까지 있었으리라 24 내가 너희에게 이르노니 심판날에 소돔 땅이 너보다 견디기가 쉬우리라 하시니라 25 그때에 예수께서 대답하여 가라사대 천지의 주재이신 아버지여 이것을 지혜롭고 슬기 있는 자들에게는 숨기시고 어린 아이들에게는 나타내심을 감사하나이다 26 옳소이다 이렇게 된 것이 아버지의 뜻이니이다 27 내 아버지께서 모든 것을 내게 주셨으니 아버지 외에는 아들을 아는 자가 없고 아들과 또 아들의 소원대로 계시를 받는 자 외에는 아버지를 아는 자가 없느니라 28 수고하고 무거운 짐 진 자들아 다 내게로 오라 내가 너희를 쉬게 하리라 29 나는 마음이 온유하고 겸손하니 나의 멍에를 메고 내게 배우라 그러면 너희 마음이 쉼을 얻으리니 30 이는 내 멍에는 쉽고 내 짐은 가벼움이라 하시니라.

5강

무거운 짐 진 자여 주께로 오라

무거운 짐과 십자가

「주께로 오라」(『찬송』, 185장) 이 찬송의 가사는 마태복음 11장에 있는 말씀인데, "수고하고 무거운 짐 진 자는 다 내게로 오라"는 이야기입니다. 우리의 생활 가운데에는 여러 가지 수고롭고 무거운 짐들이 있습니다. 세상살이에서 만나는 괴롭고 슬픈 일도 있고 어려운 일도 많습니다. 예수님께서 우리를 그렇게 부르시는 음성은 어떻게 생각하면 우리에게 평안을 주시겠다, 안식을 주시겠다, 약속으로 부르시는 것입니다. 예수님께서 이 세상에 오셔서 우리를 부르시는 큰 목적이 우리의 평안과 안식을 위한 것은 아닙니다. 그러나 예수님의 부르심에 응하여 가면 평안과 안식을 얻는다는 것은 분명합니다.

사람이 이 세상에서 처음부터 예수님이 부르시는 크신 뜻을 알고 찾아오는 것은 아닙니다. 사람은 자기의 사정에 따라 예수님 앞으로든지 그렇지 않으면 이 세상 다른 종교 앞으로든지 가는 것입니다. 사람이 처음에 어떤 종교로 귀의를 할 때 갖는 주장은 물론 자기 자신의 문제입니다. 자기 자신의 마음의 평안, 어려움을 더는 문제입니다. 마음을 평안하게 가지기를 원하고 행복 얻기를 원하고 괴로움 덜기를 원합니다. 그렇게 종교를 찾는 그 심정으로 예수님도 처음에는 찾게 되는 것입니다. 혹시 기독교에는 그런 것이 있을까 해서 찾습니다. 그러나 예수님이 우리를 부르시는 음성에는 "네가 수고하고 무거운 짐을 지고 있느냐? 나한테 오너라" 하시는데, 무거운 짐의 문제를 해결하려는 것만이 전부는 아닙니다. 하지만 그 문제에 대해서 처음부터 무시하시는 것은 아닙니다.

그런데 수고하고 무거운 짐을 벗으려면, 평안함을 얻으려면 어떻게 해야 합니까? 그 다음에 있는 말씀이 확실히 보여 줍니다. "내 멍에를 메고 마음이 온유하고 겸손한 나를 배우라." 짐을 아무것도 안 지게 내가 다 덜어 주고 너를 평안하게 해주마, 하는 것이 아닙니다. '네가 네 짐을 지고 그렇게 수고하는데 참 평안을 얻으려면 네 짐 대신 내 짐을 져라. 그러면 평안을 얻을 것이다.' 이 말은, 너는 아무 짐도 안 지게 하고, 너를 평안하게 해주려고 내가 와서 모든 희생을 감내해 준다는 것은 아니라는 말입니다. 만일 예수를 믿고 예수를 믿은 결과로 자기의 마음의 평안, 안심입명(安心立命) 혹은 육신의 어떤 행복을 추구하는 데 그친다면 예수님이 제일 구체적으로 가장 첨예하게 한 이야기조차 무시하는 것이 됩니다.

수고하고 무거운 짐 진 자에게 '나를 따라 오라' 혹은 '나에게 오라' 하는 이 말씀은 어떤 사람을 불러서 자기의 제자를 삼으시고 '너는 나를 좇으라' 하는 말과는 다른 말입니다. '너는 나를 좇으라' 하는 말은 훨씬 나중의 이야기입니다. 그러나 이것은 세상의 수고하고 무거운 짐 진 자들을 보고 '나한테 오너라' 하는 것뿐입니다. 예수님이 가시는 길로 같이 가자는 이야기는 아닙니다. 나 있는 곳으로 오너라 그것입니다. 그러면 이 수고스럽고 무거운 짐, 네가 지금 벗기를 바라는 짐을 풀어 주마, 하는 것입니다. 네가 무거움을 마음에 가득 지고 수고로이 나아가는 대신 평안과 안식을 바라는데 '그 평안과 안식을 내가 너한테 주마. 그러나 그 대신 너는 내 짐을 져라. 내 멍에를 메라' 그렇게 말하는 것입니다.

그러므로 예수님의 짐과 멍에를 분명히 알고 메려고 하지 않고 나만 평안을 얻으려고 하면 그 평안이 오지를 않습니다. 가장 구체적인 부르심, 그러니까 누구든지 죄 있는 사람, 마음이 괴로운 사람, 슬픈 사람은 '내게 와서 네 마음에 평안과 안식을 얻으라' 하는 부르심입니다. 굉장한 사실로 부르시는 것이 아니죠? '너는 와서 나를 좇으라'든지 '내 짐을 네가 대신 지라'든지 '네 십자가를 네가 지고 나를 좇으라'든지 그런 이야기는 아닙니다. 아직 십자가를 지는 것이 무엇인지 알지도 못하고 알 수도 없는 사람들에게, 마음에 수고하고 무거운 짐을 지고 있는 사람에게 그 짐을 벗기 위한 길을 가르쳐 주시는 것입니다.

교회가 수고하고 무거운 짐을 지고서 허덕거리면서 밤낮 그것 못 벗어서 애쓰는 정도로는 아직 장성의 시작도 안 된 상태입니다. 교회가 장성을 시작하려면 벌써 그것은 벗고 시작하는 것입니다. 짐을 벗고 십자가를 지고 예수님을 좇는 일로써 장성하는 것입니다. 무슨 일이든지 개인의 일이나 교회의 일이나 다 같이 항상 수고하고 무거운 짐에서만 허덕거리고 있는 동안에는 불신자의 사회하고 크게 다를 것이 없습니다. 예수님이 부르시는 음성, '수고하고 무거운 짐 진 자는 내게로 오라'는 그 음성은 모든 불신자들에게 다 같이 적용되는 말입니다. 기초적인 이야기, 제일 초보적인 이야기입니다. 그런 초보적인 이야기에서 밤낮 뱅뱅 돌고 있는 동안 교회는 장성이라는 것은 아직 생각도 못하는 것입니다. 수고스럽고 무거운 짐도 못 벗고 있는 교회가 그리스도의 짐을 지고 나아가는 것은 다음의 문제요, 자기 십자가를 지고 무장을 하고 전투하러 나간다는 것은 더 먼 이야기입니다.

가만히 우리를 반성할 때 여러 가지 것들을 떠올릴 수 있습니다. 우리가 교회를 처음 이룰 때 여러분이 비상한 의지를 가지고 교회의 일반적인 형태를 따라가서는 아니 되겠다고 하고 나왔습니다. 그리고 얼마만큼 자란 다음 중간에 교회의 회의를 할 때 중요한 비유를 들어서 앞에다 놓고 무엇을 취하겠는가 하는 것을 서로 의논했습니다. 다 기억하시죠? 그때 무슨 말을 썼는고 하니 기관차가 되겠는가 객차가 되겠는가 하는 것이었습니다. 기관차라면 로커모티브(locomotive), 즉 엔진을 가지고 스스로 다른 것까지 끌고 가는 그런 능력 있는 교회로서 활동을 하겠는가, 아니면 여러 전통이라든지 풍습이라든지 시세에 질질 끌려가는 교회가 되겠는가? 뒤에 따라가기나 하는 교회가 되겠는가 그 말입니다. 오늘날 그 기관차는 어느 정도만큼 되었습니까? 우리는 그것을 좀 더 생각해 봐야 합니다. 그런 이야기를 한 지가 벌써 여러 해 전입니다. 기관차와 객차 이야기입니다. 오늘날 와서는 그 후에 어느 정도만큼이나 장성했는가, 우리는 얼마만큼이나 주께서 나에게 요구하시는 각각의 십자가, 교회는 교회로서 져야 할 십자가를 자진해서 지고 주를 따랐는가 하는 것을 반성해야 하겠습니다.

수고하고 무거운 짐을 진 사람이 마음에 참으로 평안을 얻으려 할 것 같으면 예수님이 메는 짐을 져야 하고 그 멍에를 메어야 합니다. 그것이 곧 예수님이 나에게 개인적으로 지라는 십자가라고 얼른 속단하지 마십시오. 그것은 그것대로 짐이 있습니다. 자기가 지고 가는 이 수고와 무게[重荷, 중하]를 완전히 버리기 위해서 덜렁 십자가부터 내가 들고 지는 것이 아닙니다. 질 자격이 아직 없습니다. 힘도 없는 것입니다. 아직 십자가가 무엇인지 깨닫지 못하는 것입니다. 수고하고 무거운 짐을 진 사람이 지금 이렇게 쳐다보고서 '아, 이것이 내가 져야 할 십자가다' 하고 눈에 뵙니까? 뵈지 않습니다.

그러나 그 사람에게 예수님께서 보여 주시는 것이 한 가지 있습니다. 예수님의 짐은 뭐며 예수님의 멍에는 무엇인가를 볼 수 있게 해줍니다. 그런 까닭에 '네 짐 말고 대신 내 짐을 져라. 내 멍에를 져라. 그러면 평안을 얻으리라' 그랬습니다. 이것이 수고하고 무거운 짐 진 사람이 평안을 얻기 위한 방법이라고 가르쳐 주신 것입니다. 그 방법으로 그 사람이 자기 짐 대신 예수님의 짐을 질 줄 알아야 하고 그 짐을 식별할 줄 알아야 할 것입니다. 그것을 식별해 가지고 질 때 평안을 얻게 됩니다. 여기서 '짐'이라는 말로 비교했습니다. 수고하고 무거운 무엇, 그것을 '짐'이라는 말로 은유를 하신 까닭에 그렇습니다. 한마디로 말해서 짐이라고 하자, 이 말입니다. 무슨 부담이 되어서 짐이라고 하지만 짐을 진 것 같은 거라 말씀입니다. 마음을 꾹 누르는 사실이 있다. 지고 가기에 고갯길을 올라가는 것같이 허덕거리고 무거우니까, 살기가 괴로우니까, 일단 짐이라고 그러자 그것입니다.

눈에 안 보이는 무슨 짐이 별달리 있는 것이 아닙니다. 수사학(修辭學) 상으로 보자면 그것은 한 메타포, 은유란 말씀입니다. 짐을 졌다. 그런데 진 사람은 나니까 나는 실체요 짐은 한 개의 은유입니다. 그러니까 비유라 말씀입니다. 그렇게 짐이라는 말로 썼으니까 그 대신 예수님이 지워 주시는 것도 짐이라는 말로 쓰자! "네가 네 짐을 지고서 애를 태우고 있는데 그러면 그 대신 어디 내 짐을 좀 져 봐라" 하고서 '짐'이라는 말로 바꿔 놓은 것입니다. 같이 '짐'이라는 말을 쓴 것뿐입니다. 그것을 다른 것으로 말할 때는 다른 것으로 또 통일할 수가 있겠습니다. 그러니 짐이니까 얼른 십자가라 속단해도 되느냐, 할 때 그럴 수가 없습니다.

사람은 수고하고 무거운 짐이라 하는 여러 가지 것들을 가지고 있습니다. 그런데 그것을 '짐'이라는 말을 빼고 쓰면 걱정, 근심, 슬픔, 마음의 무거운 일, 우울한 일, 기분 나쁜 일, 그리고 괴로운 일, 이런 것들일 것입니다. 그런 일은 주로 바깥의 일이고 환경이요 혹은 말로 인한 것들입니다. 나에게 어떤 말이 올 때도 괴롭고 나에게 무슨 일이 닥칠 때도 어렵고 또 어떤 환경이 나를 가로막아 궁지에 처했을 때도 우울하고 괴롭습니다. 외부의 조건은 여러 가지인데, 그 조건이 어떻게 되었든지 내 심정에는 무겁게 내리누르고 자꾸 때린다 말입니다. 그리고 안 떨어집니다. 그러니까 그게 비교 컨대 무거운 짐을 지고 있다는 것과 같은 것입니다. 그렇게 붙여 놓았을 뿐입니다.

그런데 짐을 지고도 마음이 기쁜 사람이 있을 것입니다. 짐을 지고도 마음이 기쁘다면 어떤 경우일까요? 먹을 것이 없고 살 길이 없어 막막하던 사람에게 누가 오라고 하더니 '여기 돈이 자루[纏帶, 전대]에 가득 있는데 메고 가라' 한다면 기뻐서 메고 갈 것입니다. 그것이 짐 된다고 생각 않고 언제 갔는지 모르게 날아가듯이 갈 것입니다. 그러니까 물리적인 어떤 힘이라는 형식을 의미하기보다 한자로 중하(重荷)라, 무거운 짐이라, 무게를 가지고 내리누르는 것을 의미합니다. 그런고로 정신적인 압박 같은 것도 짐이 됩니다.

예수님의 짐과 멍에

예수님께서 '그런 짐을 졌거든 나한테 오너라. 그 대신 내 멍에를 메고', 둘째 '나한테 배워라' 하셨습니다. 그러면서 당신 스스로를 소개하시기를 나는 마음이 온유하고 겸손하다. 그러니까 온유하고 겸손한 나한테 배워라. 나를 배워라 하는 말입니다. 그런고로 예수님의 짐과 멍에를 메어야 하겠는데, '네가 내 짐과 멍에를 멘즉 먼저 네가 짐을 멘 것같이 그렇게 무겁게 내리누르지 않는다. 내 멍에는 쉽고 내 짐은 가볍다' 그렇게 말씀했습니다. 쉽고 가볍기는 해도 분명히 멍에의 짐입니다. 멍에라는 것은 소의 등에다 메워 가지고 소가 제멋대로 못 가도록 딱 맨 다음 그 위에 짐을 올려놓든지 하는 것입니다. 그와 같이 짐을 지기 위해서 메는 것이니 결국은 멍에나 짐이나 비슷합니다. 짐을 지거나 멍에를 멜 것 같으면 자유롭지 않습니다. 그것을 헐거나 벗어 버리기 전에는 마음대로 어디로 가기가 어렵습니다. 그것을 반드시 짊어지고 가도록 되어 있습니다. 가벼운 멍에에 가벼운 짐을 져야 하겠습니다.

그러나 첫째, 내가 확실히 예수님의 멍에요 짐이로구나 하고 졌을 때 둘째, 예수님의 온유하고 겸손하신 그분을 본받아서 나아갈 때 비로소 "그러면 너희는 마음에 쉼을 얻을 것이다. 안식을 얻을 것이다" 그렇게 예수께서 말씀하셨습니다. 예수님의 멍에와 짐을 지는 것이 없이 내 마음에 거저 평안을 얻으려고 하면 얻어지지 않습니다. 우리에게 항상 중요한 문제는 예수님께서 내 마음에 평안을 주실 때 주시는 방법이 있다는 것입니다. 내가 어떻게 해야 그것을 얻는가는 다음의 문제로 두고, 예수님께서 나에게 평안을 주시는 방법은 두 가지의 면으로 늘 나타납니다. 첫째는 나에게 불안을 주고 괴로움을 주고 무게를 주는 환경을 변경시켜 주시는 것입니다. 순리적인 현실을 바라볼 때 자연스럽게 마음에 안심을 하게 하시는 것입니다. 불안은 그대로 있는데, 불안의 모든 조건은 여전한데도 '안심해라, 안심해라' 이러지를 않고, 불안의 조건을 제거해 주시고 안심을 주시는 것입니다. 풍랑이 있을 때 '안심해라 안심해라, 괜찮다 괜찮다' 하지 않고 풍랑을 꾸짖어서 가라앉혀 버린 다음에 자연스럽게 평안을 주시는 것입니다. 이것이 한 가지 방식입니다.

둘째 방식은 그보다 더 강렬하게 오는 것인데, 중요한 문제는 마음에 평안을 주신다는 겁니다. 불안의 조건이 가시지 않았을지라도 그 불안의 조건에 대해 관찰하고 생각하는 방식을 고쳐서 환연히 새로운 것을 깨닫게 하심으로 평안을 주시는 일이 많습니다. 박해가 있고 큰 환난이 있는 현실에서 반드시 바다 물결이 잠잠히 고요해지듯이 다 없애버린 다음에 교회에게 평안을 주는 것은 아닙니다. 환난과 핍박 속에서, 불안과 괴롬 가운데 요동하는 가운데서도 그의 자녀들을 바로 가르치시고 깊이 깨닫게 하십니다. 특별한 성령의 역사로 그 마음에 세상이 주는 평안과는 다른 평안을 그 안에 일으키시면, 조건이 변경되지 않았는데도 평안을 얻고 누리는 것입니다. 핍박자는 그대로 있고, 악한 정권은 그냥 앉아서 핍박을 계속하는 옛날의 그런 시대라도 현실 앞에서 평안을 얻게 됩니다. 그러한 사실들을 다 여러분이 과거에 경험하셨을 것입니다.

언제든지 제일 중요한 것은 내부에 일으키는 주관적인 평안이 더 중요합니다. 우리가 외부의 사정만 펴이면 자연히 평안을 얻으리라고 기대하지만 그것이 절대적인 것은 아닙니다. 외부의 사정이 펴여도 마음에 늘 불안을 일으키는 일은 많이 있습니다. '네가 항상 이 세상의 인간적인 조건하에서만 평안을 얻으려고 하는데 그게 얻어지는 줄 아느냐' 하고 똑똑하게 가르쳐 주시기 위해서 내부의 불안을 그대로 둬 두신다 말입니다. 깨달았느냐? 눈앞에 큰 불안의 종자는 없어졌는데, 호랑이는 없어졌는데, 돌아보니까 뒤에는 사자가 그냥 엄습하는 것 같은 그런 불안을 갖게도 하십니다. 사람이 그렇게 일반적인 현실 아래서 얻는 평안만으로 자연스레 평안이 다 얻어지지 않습니다. 우리는 자신의 모든 현실을 다 알지 못합니다.

또한 사람에 따라서는 동일한 조건하에서 평안을 얻기도 하고 불안을 가지기도 합니다. 그런고로 어떤 조건하에서 그 사람이 마음에 안심을 얻고 안정을 얻는다는 것은 그게 하나님이 주시는 가장 본질적인 확실한 평안은 아닙니다. 세상 사람이 얻는 평안의 방식인 것입니다. 예를 들면 가령 우리가 살고 있는 이 대기권 아래서는 얼마든지 불안의 조건이 다 있습니다. 그런데 우리가 초연(超然)하게 평안히 살고 있는 까닭은 무엇입니까? 몰라서 그런 것입니다.

우리는 우주선(宇宙線, cosmic rays)으로부터 어떤 종류를 얼마만큼 날마다 받고 사는지 모릅니다. 그것이 세포를 얼마나 파괴하고 있는지 수명을 얼마나 짧게 하는 작용을 현재 하고 있는지 다 모릅니다. 그래도 그냥 잘 지내는 것입니다.

일본 동경의 행정구에 가와사키라고 공장이 굉장히 많은 데가 있습니다. 거기 사는 사람들이 큰 불안이나 큰 괴로움을 안 느끼고 매일 그냥 살았지만, 거기서 십 몇 년 산 사람들에게 이제는 공해병이 생기기 시작했습니다. 자꾸 기침하고 이상하게 열이 오르고 아프게 되자, 거기서 기르던 개를 잡아서 해부해 보니까 폐가 새까맣더래요. 가와사키 지방에는 특별히 공해병이 많습니다. 또 일본 규슈 미나마타라는 데는 수은이 물로 흘러 나가는 것을 그대로 써 가지고 농사에도 다 배서 미나마타병이라는 게 죽 퍼져 버리지 않았어요? 병명을 알지 못하니까 동네 이름을 붙여 가지고 미나마타병이라고 한 것인데 그것 때문에 큰 문제가 발생했습니다. 큰 회사의 공장이 들어서고 거기서 흘러 나오는 폐수 때문에 다마(たまし) 일대가 오염된 것입니다. 다마가와(多摩川)라는 큰 강이 있는데 고기도 많이 잡고 그러던 자리인데, 오염이 되어 이제는 거기서 고기를 더 잡을 수가 없게 되었습니다. 사실 다마가와 계곡을 한번 놀러 갔는데 발을 걷고 들어가도 좋은가를 몰라서 안 들어가고 낚시

질하는 사람들에게 물어 봤습니다. "아마 괜찮을 것 같다" 그랬지만 그들도 자신은 없어 보였습니다. 무엇이 섞여 있는지 알 수가 없습니다. 다마가와 고기가 그렇게 많았었는데 자꾸 죽어서 내려와요. 다 모르는 동안에는 괜찮습니다. 만일 아는 사람의 눈으로 볼 때는 불안해서 견딜 수가 없을 것입니다. 당시에 일부는 '그 공해병이 대기 속에 가득해 가지고 불과 5년 이내에 큰 중병으로 판명날 것인데 이대로 있다는 말인가' 하고 한탄하였습니다.

그리고 여기 서울도 그렇겠습니다만 봄이 되면 소위 광화학 스모그라는 것이 있지요? 태양의 자외선이 대기 가스하고 합해 가지고 나중에 유해 산소가 자꾸 발생해 나가는 것인데, 차를 타고 가려면 눈이 아프기 시작해 눈을 비벼도 가시지 않습니다. 특히 오존은 광화학 스모그의 대표적인 물질로서 대도시의 대기오염에 크게 영향을 미치고 있습니다. 그러니까 하나님께서 그 사람에게 평안을 주시기 위해서는 여러 가지 기이하신 섭리의 손으로 인도하셔야 합니다. 제가 살던 데는 자동차가 많이 지나다니게 되어서 배기가스가 많습니다. 조금 떨어져서 담장을 쳤지만 소용이 없다고 느끼고 결국 거기서 이사를 갔습니다. 이사 간 데는 앞이 환한 들이고 별장 같아서 공기는 두말할 것 없이 참 좋았습니다. 자동차도 별로 그 앞으로 많이 안 다니고 그래서 좋은 곳으로 인도하시는 것이 참 감사하다고 여기고 그리 불편하지 않은 데서 살았습니다.

하나님께서 우리에게 참 평안을 주시려면 모든 불안의 씨를 우리가 알지 못하는 것까지라도 미리미리 다 제거를 하시고 불안에서 보호해 주셔야 하는 것입니다. 그러니 마음대로 평안이 얻어지는 것이 아닙니다. 내가 알고 있는 환경의 악조건만 없어지면 평안해지는 것이 아닙니다. 하나님께서 참 평안을 주실 때에는 우리가 깨닫지 못하고 알지 못하는 모든 불안의 원인들을 제거도 하시고 마음에 그것을 깨닫게도 하시고 그래서 마음에 평안을 얻게 하시는 것입니다. 우리의 마음에 이런 평안을 얻고 살아 나가는 것이 중요한 일인데, 이렇게 마음에 참된 평안을 하나님께서 주시는 것을 받으려고 할 것 같으면 예수님이 말씀하신 방법대로 예수님의 멍에와 짐을 메고 온유하고 겸손하신 예수님의 본을 받아야만 얻습니다.

그러면 예수님의 멍에를 멘다, 짐을 진다고 할 때 우리 자신이 가지고 있는 여러 가지 걱정, 근심 또 인생살이의 여러 가지 괴로운 것들이 다 짐입니다. 예수님의 짐이라 할 때는 두 가지인데, 예수님은 마음이 온유하고 겸손하니 예수님을 배우라 그랬으니 예수님의 마음자리를 내가 얻어야 하겠다는 것이 하나입니다. 그리고 예수님이 지워 주시는 짐을 져야 하겠다는 것이 다른 하나입니다. 우리가 이 세상에서 슬프다 괴롭다 불안하다 할 때 무엇 때문에 그럽니까? 세상살이를 해나가느라고 생활이라는 짐을 지고 나가는 것 때문입니다. 우리 생활을 우리가 경영하고 살겠다는 것입니다. 생활이라는 짐 때문에 항상 이렇게 불안하고 괴롭습니다. 그런데 예수님의 짐이라고 할 때는 그게 무엇을 말하는 것인가!

우리가 무슨 생활이든지 자기 생활을 할 때 여러 가지 사업도 하고 집안일도 해나갑니다. 자기의 생활과 생존을 경영하기 위해서 이것저것 하며 생전 걱정을 아니 할 수가 없습니다. 이렇게 내 자신의 것으로써 항상 경영을 하고 내 소유로 삼고 내 자신의 행복과 이득이라는 관점에서 경영을 할 때는 항상 내게 짐이 되는 것입니다. 그러나 일단 그런 것을 내가 다 떠나 가지고 예수님의 관점에서 예수님의 사업이고, 예수님 나라의 경영이 되고, 예수님이 하시고자 하는 큰 계획과 경영 가운데 내가 들어 있으면 그 짐을 예수님이 지시는 것입니다. 쉬운 예를 들자면 사람에게는 자기 자신의 일이 하나 있고, 회사에 다니면 회사의 일이 있겠지요. 회사의 일을 하고서는 보수를 받는 것이고 자기 일을 해 가지고서 자기가 그 결과를 그냥 먹는 것입니다. 어떤 회사든지 회사의 사장이 고용된 사람 개인의 사생활 모든 것까지 회사의 일로 간주하여 회사가 다 직영해 주고 무엇이든 회사 일로 알고 해라, 그렇게 하지는 않을 겁니다. 쌀을 사다가 밥을 해 먹는 것, 네 자신이 옷을 사다가 입는 것은 네 일이라고 할 것입니다. 회사의 일은 이러이런 것들이다 하고 딱 회사 안에 지정되어 있는 일이 있을 것입니다. 회사 일과 나의 일은 갈라져 있습니다.

예수님의 일과 우리 일도 갈라져 있습니다. 내가 먹고살고 내가 입고 살고 내가 출세하려고 애쓰고 그러면 결국 다 내 일인 것입니다. 내가 다 맡아 가지고 하기 때문입니다. 내가 주인 노릇을 하고 내 것이라고 생각하고 앉았으면 나의 일입니다. 그러나 그런 모든 것을 다 나의 일이 아니라고 손을 떼어 버리고 '이제는 다 예수님의 일이다' 한다 말입니다. 여기서 예수님의 일이라고 하면 교회의 일만을 뜻하는 게 아닙니다. 우리가 생존하고 생활하는 모든 것까지도 예수님의 크신 경영 가운데 있는 것이어서 나는 예수님의 종으로만 존재한다, 그것입니다. 예수님 회사의 회사원으로만 존재하는 것입니다. '뭐 하나 하는 것도 내 일은 아니다. 사장이신 예수님이 하라는 대로 했으면 그만이다. 손해가 되든지 이익이 되든지 그건 예수님 당신에게 있는 일이다. 나는 충실하게 청지기로서 일을 해 나가자. 할 수 없는 것을 하라는 것은 아니다. 할 수 있는 것만 해나가자. 그다음에는 예수님께 맡기자.' 바로 이런 것이 예수님의 일이고 예수님의 멍에라는 말입니다.

정리하면 이런 말입니다. '네 일은 없애 버리고 내 멍에를 메고 내 짐만 져라. 그렇다면 걱정할 것 뭐 있느냐? 네가 손해를 볼까 봐 자꾸 아등바등하는데 손해를 봐도 내가 보니 걱정하지 마라. 그것 좀 손해 봐서 조금이나마 꿈쩍하는 회사가 아니다. 아무 걱정하지 마라. 손해 본 듯하지만 오히려 기묘한 나의 방법으로 큰 이(利)를 잘 남긴다. 걱정하지 말고 내가 하라는 대로만 해라. 내가 하라는 대로 하도록 돈도 자꾸 지불하지 않느냐? 가서 돈 쓰고 오라고 하지 않더냐? 내가 하라는 대로 해라.' 이렇게 해서 예수님의 일과 자기의 일이라는 것을 뒤바꿔 놓는 것입니다. 이렇게 예수님의 일과 자기의 일을 뒤바꿔 놓으려면 지금까지 늘 '내 것이다. 내 행복이다. 나에게 속했다' 하는 이 관념에서 먼저 떠나야 합니다. 생각을 이런 식으로 하려면 언제고 할 수 있다는 것입니다.

온유하고 겸손하다는 것

그러니까 예수님이 사람들에게 생각을 고치도록 하려고 '나는 마음이 온유하고 겸손하다' 해서 '겸손'이라는 말을 썼습니다. 또 '온유'라는 말을 썼습니다. '겸손'이라는 말은 제 것 아닌 것을 제 것 이라고 생각 않는 것이 겸손입니다. 제게 없는 것을 있는 체하는 것 은 교만한 것입니다. 제게 없는 것을 없는 줄로 알고 자신을 바르게 인식하고 살 때 비로소 사람은 바로 서게 됩니다. 덮어놓고 남 앞에 예예 하며 비굴하라는 말이 아니라 자기를 있는 그대로 바로 생각해라 그겁니다. '너는 네 것이 아닌 거고, 생명도 네 것 아닌데 왜 네 것처럼 생각하느냐! 그러므로 예수님의 겸손과 같은 겸손을 가져라. 마음이 비어 있어야 한다'는 말입니다. 마음이 '내 것이다' 하는 것으로 차 있지 말라는 겁니다.

"나는 마음이 겸손하다." '네게 있는 것만큼만 생각해라. 네게 없는 것을 있는 체하지 말고 네가 아닌 것을 너라고 생각하지 마라. 너에게 준 무엇 하나 결국 네 것이 아니다.' 예수님의 것이니까 예수님이 나에게 기쁨을 주고 은혜를 주려고 주신 것을 내가 잘 간직하고 잘 보존하는 것이 중요합니다. 그것이 내 것이니까 내가 불리면 내가 이익을 얻고, 그것을 잘 만들어 놓으면 내게 그만큼 행복스럽다고 하는 생각을 버려야 합니다. '이것은 예수님의 것이니까 끔찍이 잘 간직한다'는 식으로 생각을 고치란 말입니다.

그 다음에 예수님이 또 한마디 하신 말씀은 '온유하다'는 말입니다. '자기의 위치를 바로 보고 자기가 비어 있는 것을 바로 깨달아라! 자기가 있다고, 내 것이다 하고 생각하니까 자꾸 거기에 대해서 자기 마음을 키우고 자기 걱정을 하는 것이다. 다 예수님 것이고 나에게 맡겨서 관리하게 하셨다. 다른 사람에게 관리하라고 맡긴 게 아니고 내게 관리하라고 맡긴 이상은 나는 충실하게 관리한다.' 그러나 내 손이 미치지 않는 곳은 내가 예수님께 맡겨 놓고 앉아 있어야 합니다. 미치지 않는 것을 끝까지 내 것이니까 내가 붙들어야 한다고 생각하는 동안에는 평안이 없다고 가르치고 있습니다.

'나는 온유하다'는 말을 썼는데, '온유'라는 말을 배웠지요? 온유라는 것은 마음이 부드러워서 마땅히 순종할 분에게 순종하고 살아간다는 뜻입니다. 하나님께서 나에게 명령하시고 예수님께서 '이렇게 해라. 저렇게 해라. 이것이다' 하면 그것에 대해서 완고한 생각을 안 가지고 자꾸 내 주장을 하고 전통적인 생각에 꽉 절어 가지고 일보도 양보 않으려는 그런 고집을 버리고 순종하는 겁니다. 하나님이 성경에서 이렇게 말씀하시니까 세상 사람이 암매해서 제멋대로 생각하는 것을 따라 내가 지금까지 해왔던 대로 나아가는 것이 옳지 않구나, 하는 생각을 하게 됩니다. 모든 점에서 생각하는 방식이 하나님의 말씀에 의해서 교정되어야 하고 바르게 되어야 한다는 것이 온유입니다.

한국에서는 특별히 무슨 생각이 압도적으로 사회를 지배하고 제도를 자꾸 만들어 내고 있습니까? 생각의 근저에 있는 사관으로 봐서는 유물사관(唯物史觀)이요 철학은 무신론(無神論)입니다. 한국에서는 하나님을 인정하는 일이 없습니다. 불신자 사회에서 하나님을 인정한다고 하면 미신적인 소수의 생각입니다. 보통 한국이 가지고 있는 전통적인 유교 철학에는 신이 없습니다. 하나님이라는 인격신, 통재하시고 심판하시고 주장하시는 신은 없고 사람이 전부입니다. 이것이 유교 철학 가운데 나타나는 큰 사상입니다. 그로 인해 나타나는 강한 경향, 강렬하게 사회를 지배하는 생각을 보면 벌이 내려질 것이라고 걱정하는 사람이 적습니다. 도둑질이라도 남이 보지 않고 내게 들어왔으면 그만인 것입니다. 한국 사회가 왜 다른 사회보다 훨씬 부패가 심하게 빨리 들어간 것입니까? 적어도 마음을 지배하는 주인, 정신적인 주인이 없다는 것입니다. 물질뿐이고 육체뿐이다, 사람뿐이라면 그럴 거 아니겠어요? 사람의 사회에서 사람 이외의 다른 것이 없다는 것은 무서운 사상입니다.

그러한 사회에서 교회가 그것을 대치하고 바로 서야 하는데 교회가 그렇게 서지를 못했습니다. 여전히 하나님을 두려워할 줄 모릅니다. 성경이 가르친 가장 중요한 성경적 태도는 하나님을 경외하는 것입니다. 그런데 하나님을 두려워할 줄 모릅니다. 하나님은 그냥 관념상 하나님으로 존재합니다. 실지 생활에서는 이 세상 사람이 하는 방식과 똑같습니다. 누가 안 보았으면 그만이다 하는 식입니다. 그런 까닭에 사회도덕은 발달하지 못하는 것입니다. '나만 평안했으면, 나만 잘살겠으면 그만이다. 사회가 같이 잘살아야 무슨 소용이 있느냐?' 그렇게 강하게 개인주의적이고 이기적입니다. 개인 복리적인 이런 사회 현상이 외국보다 두드러지게 심한 나라입니다.

이런 환경에서 나타나는 사회 제도에 대한 철학 관념을 주의해야 합니다. 자기에게 속했다는 것을 무엇으로 간주하느냐 하면 물리적 연결로 간주하였습니다. 즉 과거 한국에서는 육체적인 연결, 혈연이 중요하였습니다. 그런고로 한국은 보통 '필리아'(φιλία), '우애'의 사회라는 것을 건설하지 못했습니다. 우정을 가진 사회로서 서로 돕고 같이 힘써 살아 나가겠다는 우애의 사회라는 것이 건실하게 발달하지 못했습니다. 다른 말로 말하면 시민사회의 형성 요소에서 결핍이 컸습니다. 시민사회의 위대한 도덕, 중요한 도덕은 첫째 친절입니다. '남에게 친절하게 해서 서로 살기 좋게 해야겠다.' 그런데 절제와 친절이라는 덕을 전통적으로 제대로 배워 본 적이 없습니다. '친절'이란 말도 현대에 들어와서 들어온 말입니다. 삼강오륜(三綱五倫)에도 친절이란 것이 없습니다. 삼강오륜에 이웃에 대해서는 어떻게 할 것인가에 대해서 가르친 게 없습니다. 그러나 성경은 먼저 이웃부터 가르칩니다. '네 혈족에게 어떻게 하라'고 가르치지 않고 '하나님을 사랑하고 그 다음에 네 이웃이다' 하고 당장 이웃으로 갑니다. 이렇게 성경의 도덕이 시작되는데 한국의 제도와 사상 가지고는 그런 성경의 도덕을 이해할 수가 없습니다.

율법사가 "누가 내 이웃이 되겠습니까?" 하고 물었습니다. 그것을 혈속주의로 고치려는 유대 사람들에게 주께서는 '네 이웃'에 대해서 다시 가르쳐 주었습니다. 유대 사람들은 그것을 그릇되게 받아 가지고 계속 혈속주의로 나갔습니다. 그러나 그들은 혈속이라도 우리 한국 사람과 같이 자기 인아족척(姻婭族戚)하고 촌수를 따지는 혈속은 아닙니다. 그저 유대 사람이면 된다는 것이었습니다. 그만큼이라도 발달했어요. 그러니까 예수님은 유대 사람이면 된다는 것을 깨뜨리면서 사마리아 사람을 드러내었습니다. '네 이웃은 이러하다' 하면서 착한 사마리아 사람을 비유를 딱 들어서 이야기하셨습니다(눅 10:25-37). '사마리아 사람이 네 이웃이 아니냐? 강도 만난 이에게 사마리아 사람이 이웃이 안 되겠느냐? 이웃이라는 것은 민족이나 혈속에 의한 것이 아니다' 그것입니다. 그렇게 기존의 이웃 관념을 부정해 놓고 '이웃 사랑하기를 네 몸과 같이 하라'는 사상을 주신 것입니다.

그렇지만 이 사회는 성경의 사상으로 돌아갈 생각, 사회사상을 바로 받아 가지고 실천할 생각을 않고 항상 무엇에 중점을 두느냐 하면 유교적인 유물주의적 사상에서 빚어낸 관계, 인아족척의 관계에 근거를 두었습니다. 가부장[父家長] 제도의 사회에서 나온 혈연관계에 근거를 두고서 사회를 형성해 온 것입니다. 이런 강한 사회사상이 조선 500년을 지배해 왔고 근대에 와서도 지배를 하고 있습니다. 안 믿는 사람의 사회는 대체할 다른 사상이 없습니다. 장사를 하려니까 불가부득이 서로 친한 체하지만, 지금 서로 교역하는 시민사회에서 신용이나 의리보다 다른 힘이 더 크게 작용합니다.

근대 사회라는 것은 주로 교역을 하는 사회가 큰 사회니까, 장사를 하는 것이 중요한 요소니까 사회의 가장 중견 시민은 상인입니다. 장사하는 사람들이 근대사회를 형성하는 중요한 분자인데도 한국 사회에는 유달리 친절이라는 것이 없습니다. 과거의 전통을 못 깨뜨리고 있는 것입니다. 그 대신 인아족척은 친한 관계입니다. 인아족척의 경우 나중에 마음이 큰 사람은 끝까지 친족을 돌아보려고 합니다. 무엇 때문에 돌아보느냐 하면 혈연관계가 있으니까 그렇습니다. 그러니까 혈연이 아니라면 서로 기대하지도 않을 뿐더러 또 신용을 하려고 하지도 않는 상태가 되었습니다. 도덕이나 서로 믿는 신용, 괴로워도 해야 한다는 도리 같은 것들에 대한 기대가 없게 되었습니다.

하지만 사회의 제도에 대한 생각에 대하여 예수님의 마음을 배운다 할 때는 크게 다를 수밖에 없습니다. 예수님께서는 그렇게 사람이 하는 방식으로 하시지 않았습니다. 더군다나 우리 한국 사회에서 생각하는 방식과는 거리가 멉니다. 예수님의 짐을 지고 멍에를 메려면 생각을 고쳐야 했습니다. 항상 자기를 중심 삼아 가지고 자기의 연장으로 외연의 무엇을 생각하는 그 방식부터 버려야 한다는 것입니다. '그것은 나, 나의 외연이 되니까' 하는 생각을 버려야 합니다.

이것은 세상의 사해동포주의(四海同胞主義)를 가지라는 말이 아닙니다. 세상 누구든지 똑같다는 말은 아닌 것입니다. 첫째로 하는 말은 과거의 전통적인 그릇된 생각을 먼저 버리고, 성경이 조성하는 새로운 사상을 바로 받아 들여라 그것입니다. 성경이 조성하는 사상이라는 것은 거기에 충성의 관계가 없는 것을 가르친 것이 아닙니다. 더 필요하고 덜 필요한 것은 어떻든 있는 것입니다. 더 순결하고 덜 순결한 것도 있습니다. 봉사에서 더 중한 것이 있습니다. 그렇다고 덜했으니까 죄악이라고 하지 않습니다.

그동안 죄악이라는 것이 뭔가 하는 것을 배울 때 그 말을 다 했습니다. 선이 적으니까 죄악이라든지 선이 많아서 죄악이 아니라고 그렇게 말하지 않는 것이라고 했습니다. 사람에 따라서 적을 수도 있고 많을 수도 있습니다. 사랑이 크든지 적든지 사랑은 사랑인 것입니다. 우리가 하나님을 사랑하되 많이 해야만 사랑이 되는 것은 아닙니다. 적을지라도 사랑하는 것입니다. 우리가 하나님을 사랑하면 또 얼마나 잘 사랑하겠느냐 그것입니다. 잘하는 때도 있고 또 잘못하는 때도 있지 않습니까. 그러나 하나님은 그것을 전부 다 사랑으로 간주하십니다. 우리가 선행을 한다고 한들 얼마나 잘하겠습니까. 작든 크든 선행은 선행입니다. 선이 작다 해서 악이라고 하는 것은 아닙니다.

그처럼 우리에게 친소(親疏)의 관계라는 것이 다 있습니다. 친소라는 말보다도 훨씬 가깝게 혹은 덜 가깝게 하는 수가 있습니다. 예수님께서도 당신의 제자 가운데 더 가까운 사람이 있었고 덜 가까운 사람이 있었습니다. 베드로 요한 야고보, 이 세 사람은 특별히 언제든지 가장 심오한 데까지 데리고 다니면서 보이시고 가르치시고 그랬습니다. 그중에 베드로와 요한이 나중까지 살아남아서 각각 교회의 아주 큰일들을 하였습니다. 예수님을 가장 가까이 지척에서 모신 만큼 위대한 열매를 맺은 사람들입니다. 그런 모든 일에서 예수님은 조금이라도 빈틈이 없으신 완전하신 분입니다. 완전하신 분에게도 그런 일이 있다면 그것이 왜 있었겠습니까? 이 세상의 인간 사회에서는 그런 것이 늘 있음을 가르치는 것입니다. 그러나 이런 것은 하나님 안에서 새로운 관계를 형성한 다음에는 다르게 변하는 것입니다.

우리 마음 가운데 예수님께서 우리에게 지워 주시는 짐을 져야 한다는 것을 중요히 생각해야 합니다. 모든 것이 예수님의 것이다 하는 생각에서 시작합니다. 내가 일어나고 먹고 자고 살면서 내 가 정을 돌아보고 집안을 잘 다스리는 것 자체가 예수님의 일입니다. 예수님의 일을 떠나서 내 일이 따로 있는 것이 아닙니다. 그리고 예 수님의 일인 까닭에 하다가 내가 할 줄 모르고 잘 못하겠으면 예수 님한테 '내가 모르겠으니 어떻게 하면 좋겠습니까' 하고 묻는 것입 니다. '내가 내 행복을 위해서 잘 경영해 봤는데 하다가 실수를 해 가지고 그만 파탄이 나고 말았습니다. 예수님 어떻게 하리이까?' 한다면 그것은 말이 안 된다는 것입니다. 주의 뜻을 물어야 하겠다 고 할 때는 늘 주의 뜻을 행하는 사람이 묻는 것입니다. 주의 뜻을 행하고 나가다가 무엇을 어떻게 할 줄을 모르니까, 자기 생각에 비 꾸러지는 것 같으니까 '주님 이것이 잘못되었습니다. 주님이 원하시 는 것이 이것은 아닌 것 같은데 제가 잘못되었으니까 가르쳐 주십 시오.' 이렇게 주의 뜻을 묻는 것입니다.

보통 일은 다 제 뜻대로 하고 어떤 특별한 일에서는 알 수 없으 니까 '주님의 뜻이 무엇입니까' 하고 물어서 주님의 뜻을 아는 것 이 아닙니다. 내가 주님의 뜻을 행하려면 크고 작고 간에 모든 일이 벌써 주의 뜻이라는 테두리 안에서 하고 있다는 것을 의미합니다. 그래야 지혜를 구하면 지혜를 주신다 그겁니다. '이 특정적인 일에만 내가 주님의 뜻을 모르겠습니다. 다른 것은 내가 내 마음대로 잘할 수 있습니다' 그렇게 안 되게 되어 있습니다. 내가 다 계획하고 조정해 나가다가 생각만 하나 가지고 주님께 와서 '내 뜻대로 되도록 무얼 부어 주십시오' 하는 것이 아니라고 했습니다. 그러니까 내 생활 전부에서 다 하나님의 법칙이 적용되어야 하겠다는 것입니다.

그런데 여기서 '주님 뜻'이라는 말을 우리가 주의해야 합니다. 주님 뜻이라고 할 때 크게 말하면 하나님께서 우리에게 가지기를 원하시고, 우리와 함께 동반하시기를 원하는 발상법 곧 생각하는 법입니다. 또 잘 의존하고 나가는 준칙을 말합니다. 이것을 한마디로 말하자면 하나님의 법이라 할 것입니다. 생각하는 것도 법이고 생활의 준칙도 법입니다. '법'이라는 말이 원래 준칙입니다. 하나님의 법이 있어서 그 법에 의지하고 나가는 것입니다. 그리고 성경은 명백하게 가르치기를, 이 하나님의 법을 준행하지 않고 법에서 떠나서 살면 그것은 죄 짓는 것이라고 하였습니다. '죄라는 것은 무엇이뇨?' 하고서 '죄는 불법이니라' 그랬다는 것을 잘 아실 것입니다.

죄라는 것이 뭐냐 할 때 다른 것으로 자꾸 표현을 하면 잘 모르는 것입니다. 사람은 죄에 대해서 여러 가지를 말하지만 성경에서 죄에 대해서 말하는 것은 늘 명백하게 한 가지입니다. 법률을 어기는 것을 죄라고 생각하고 그 정도 안에서 사는 사람도 있습니다. 그 정도보다는 더 나아가서 어떤 도덕적인 표준이 있으니까 그 표준을 넘어서는 것, 가령 윤리의 표준에서 어긋날 때 그것은 죄다, 하고 논란을 하기도 합니다. 하지만 성경에서 죄라고 말하고 예수님께서 속죄하신다고 할 때 쓰는 죄라는 말의 가장 큰 뜻은 그런 것이 아닙니다. 법률의 죄라든지 비도덕적인 태도를 두고 죄로 해석한 것이 아닙니다.

그럼 그것이 왜 죄가 아니냐 할 때, 법이라는 것도 사람이 제멋대로 만들어 가지고서 오히려 법을 어겨야만 하나님 앞에 충실할 수 있는 일도 있기 때문입니다. 나라에서 신사참배를 하라고 하는데 신사참배 않으면 국법을 어기는 것입니다. 그러면 국법에 순종하는 것이 의고 어기는 것은 죄냐? 그런 것 아니지요. 도덕이라는 것도 그래요. 한국 사회에서 과거에는 조상을 숭배하며 잘 모셔야 하고 무슨 신과 같이 섬기도록 하였습니다. 거기에 대해서 자기의 모든 시간과 정력을 싹 바쳐 버리면 출천대효(出天大孝)라 해서 그것을 위대한 도덕이라고 했습니다. 오늘날 하나님의 안목으로 볼 때는 '내가 네게 준 생명을 나한테는 주지 않고 너 어디다가 썼느냐'고 물으실 만한 일이었습니다. 그것을 두고 하늘이 알아주는 큰 효도라고 교화했던 것입니다. 이렇게 도덕이라는 것도 그 시대 사회의 암매와 사람들이 가지고 있는 부패 때문에 다 흐려진 것입니다. 그 사회가 생각하는 방식이 있기에, 사회의 규범이 따로 있어서 도덕적인 표준을 가지고 죄는 못 따진다는 것입니다. 사람이 예수님을 반대하고 예수님을 사교(邪敎)라 하고 양교(洋敎)라 해서 배척하는 것이 도덕이라고 하던 사회도 있었던 것 아닙니까?

성경에서 따지는 죄라는 것은 한 가지밖에 없습니다. '불법'이라는 것입니다. "죄를 짓는 자마다 불법을 행하나니 죄는 불법이라"(요일 3:4). '아노미아'(ἀνομία), '불법'이란 말뜻은 뭐냐 하면, 불법이라는 말이 있을 때는 법이 있다 그 말씀입니다. 하나님의 법, 하나님의 법칙이 있습니다. 이 법칙을 어기는 것이 죄라 그것입니다. 사람이 이 법칙을 어기고 살게 되었어요. 하나님이 내신 법칙이라는 것은 여러 가지가 있습니다. 가령 물리적 법칙도 어기고 살면 평안하게 살게 되어 있지를 않습니다. 그것이 하나님의 법입니다. 지구에 인력(引力)이 있는데 인력을 무시하고 높은 데서 날겠다고 내리뛸 것 같으면 그 사람은 평안하지 못하고 죽든지 다리가 부러지든지 하는 것입니다. 이것도 하나님의 법을 어긴 까닭에 그러는 것입니다. 법이란 엄연히 서 있습니다. 사회에도 법칙이 있습니다. 하나님의 사회에 법칙이 있는데 그 사회의 법칙을 무시하고 제 멋대로 한다면 결국 보응이 옵니다. 사람들이 악한 일의 보응이 속히 시행되지 아니하므로 마음이 담대하여서 악을 행해 보지만 결국 그로 말미암아 저도 잘못되고 수많은 사람들에게 폐를 끼치게 됩니다. 사회 법칙이 있는 것이고 그리고 역사의 법칙을 위배하는 일도 일어나는 것입니다.

그리고 하나님의 나라의 법칙이 있습니다. 하나님의 백성은 하나님 나라의 법칙에 의해서 살라는 것입니다. 하나님 나라의 법칙에 의해서 살려면 생활 전부가 그 법칙에 맞도록 되어야 합니다. 그러면 법이 대체 몇 조목이 있어서 생활 전부에서 하나님의 모든 법칙에 다 맞아야 하는 것입니까? 여러분, 지금 우리가 대한민국의 법칙에 의해서 다 법을 지키고 사는데 우리가 육법전서의 법을 다 알고 지키는 건 아니지요? 몰라도 우리가 어떤 표준 하나를 딱 가지고 살면 법을 어기지 않고 삽니다. 하나님 나라의 법칙도 대강령이 있는 것입니다.

그러면 그 법의 대강령은 무엇입니까? 강령 하나를 잘 알고 있어라! 모든 율법과 선지자의 대지(大旨)가 무엇이라고 예수님이 가르쳤습니까? 모든 율법과 선지자의 대강령이 하나 있다. 법이 그렇게 많을지라도 다 요약하는 한 가지가 있는데 그것은 '마음과 뜻과 정성과 힘을 다해서 네 하나님을 사랑하라'는 것입니다. 그것이 법입니다. 해도 좋고 안 해도 좋은 것이 아닙니다. 그것을 하고 살아야만 네가 죄를 안 짓는 것이다. 그리고 둘째는 그와 같으니 '네 이웃사랑하기를 네 몸같이 하라'는 것입니다. 과거의 전통에서 벗어나서 이웃이라는 것을 생각하라는 것입니다. 그리고 이웃이라는 것을 생각할 때 친소의 관계가 있는데, 먼저 어디부터 생각해야 합니까? 성경에서는 분명히 "믿음의 가정에서 먼저 시작할지니라"고 했습니다. 그 믿음의 가정이라는 것을 만들기 위해서 하나님께서는 교회를 주신 것입니다. 그러나 첫째의 문제는 하나님을 사랑한다는 것입니다. 마음을 다해서 정성을 다해서 뜻을 다해서 하나님을 사랑하고 하나님께 모든 것을 바치고 살라는 이야기입니다. 이게 법이니 그런 법을 지키고 살라는 겁니다.

바로 이것이 예수님의 멍에를 메고 가는 일입니다. 요한일서에서는 그것을 '짐'이라는 말로 사용했습니다. '주님이 계명을 주시는 것은 무거운 짐이 아니다' 그 말을 썼습니다. "그의 계명들은 무거운 것이 아니로다"(요일 5:3). 하나님을 사랑하고 형제를 사랑한다는 것이 무거운 짐이 되는 것은 아니다. 무겁게 어렵게 억지로 시중하라는 것은 아니다. 자연스럽게 하라는 것입니다. 이 법칙을 지키는 일이 바로 주를 믿고 의지하고 살아가는 것입니다. '그것은 무거운 짐이 아니다. 너는 내 짐을 메라. 내 마음을 받되 나는 마음이 온유하고 겸손하다. 하나님의 법에 일호(一毫)도 어기려 하지 않고 항상 부드럽고 온유한 심정을 가지고 순종한다. 자기라는 것이 뭔가를 바로 늘 알고, 없는 것을 있는 것으로 생각지 않고, 자기 것이 아닌 것을 자기 것인 줄로 생각하지 않고 정당하게 생각하고 살아가는 것이 겸손이다. 그런 나를 배우라. 내 멍에를 메고 내 짐을 져라. 그러면 너는 평안하리라.' 평안을 얻을 것이라 하였습니다.

기도

사랑하시는 주님, 우리가 이 세상에 살면서 수고하고 무거운 짐을 늘 지게 되는 까닭은 우리의 생각이 그리스도의 생각과 같지 않고 자기에게로 돌아와서 그릇된 일이 많이 일어나는 것이고, 자기 식으로 예수교라는 종교를 하고 있는 동안 마음에 위기가 임했을 때 번민을 버릴 수가 없을 만큼 심히 연약한 자들이지만 저희를 다 불쌍히 여기시고 힘 주시사 모든 것을 예수님께 맡기는 참된 신앙이 있게 하시옵소서. "너희 모든 염려를 주께 맡겨 버리라. 그러면 저가 너를 권고하시리라"고 자기의 일로 알고 다 돌아보신다고 이렇게까지 약속을 하셨는데 주께 맡기지 못하는 까닭에 항상 자기 스스로 지고 무겁게 허덕이는 것들이 저희에게 많이 있사옵니다.

또한, 우리가 예수 그리스도의 온유하고 겸손한 심정을 바로 깨닫고 본받아야 할 것이고 주의 멍에를 메고 주의 일을 하려고 거기에 마음을 기울여야 할 터인데, 그것보다 자기 일이 크고 마음이 자기 일에만 사로잡혀 주님 나라의 일을 용납할 여지가 없을 만치 자기중심적인 우리의 연약을 불쌍히 여기시고 건져내시옵소서. 우리의 일은 사실 하나님 앞에 아무것도 아니고 큰 문제는 항상 아버님 당신의 나라의 역사적인 진행과 그 영광이 나타나는 사실인 것을 마음에 깊이 늘 명심하게 하시옵소서.

　나랏일을 하는 사람이 자기 개인의 사사로운 일보다 나랏일을 더 중요하게 여기고 하는데 하물며 하나님 나라에 속한 사람으로 어찌하여 자기 자신의 일만 가장 중요한 일로 알고 하나님 나라의 큰일에 대해서 생각조차 잘 하지 못하고, 무엇인지조차 알지 못하고 있는 이런 유치한 상태에 있어야 하겠습니까? 주님, 저희들의 마음 가운데 무엇을 먼저 생각해야 하며 무엇을 가장 소중하게 느껴야 할 것인가를 환연히 깨닫게 하시고, 마음들을 주께서 통찰하여 주시며 주께서 경책하시고 성령님으로 역사하셔서 마음자리가 바르게 하여 주시옵소서. 저희들 모두를 주께서 불쌍히 여기시고 연약한 까닭에 저희를 붙들어 주시고 힘 주셔서 자기 마음의 변화 없이 덮어놓고 평안만 요구할 것이 아니라 마땅히 우리가 버릴 것과 회개할 것과 변화 받아야 할 것을 주께서 지적하시며 성령으로 역사하셔서 우리를 이끌어 올리사 그리스도의 아름다운 세계, 평안의 세계로 옮겨 주시기를 간절히 기도하옵나이다.

또한 저희들 모두의 신원(身元)을 다 일일이 보호하여 주시고 불쌍히 여기시며 각각의 정도에 따라서 은혜를 주셔서 날마다 장성하고 위로 올라 나아가게 하시옵소서. 우리 교회가 주님 앞에 마땅히 스스로 바로 생각할 것들을 유루(遺漏) 없이 생각하여 나아가게 하시고, 막연한 가운데 구안(苟安) 가운데 그냥 빠져서 생활해 나가지 않게 은혜로 불쌍히 여기시고 인도하여 주옵소서. 동경에 있는 교회들도 주님께서 일일이 다 하감하셔서 하나님의 영광의 목적을 위해서 거룩히 나아가게 하시고, 아름답게 거룩히 보존하시며 주님의 크신 뜻과 그 거룩한 진리에 깊이 더 들어가게 하시옵소서.

구주 예수의 이름으로 기도하옵나이다. 아멘.

1971년 7월 28일

6강

신령한
노래

데살로니가전서 5:1-28

1 형제들아 때와 시기에 관여하는 너희에게 쓸 것이 없음은 2 주의 날이 도적같이 이를 줄을 너희 자신이 자세히 앎이라 3 저희가 평안하다, 안전하다 할 그때에 잉태된 여자에게 해산의 고통이 이름과 같이 멸망이 홀연히 너희에게 이르리니 결단코 피하지 못하리라 4 형제들아 너희는 어두움에 있지 아니하매 그날이 도적같이 너희에게 임하지 못하리니 5 너희는 다 빛의 아들이요 낮의 아들이라 우리가 밤이나 어두움에 속하지 아니하나니 6 이러므로 우리는 다른 이들과 같이 자지 말고 오직 깨어 근신할지라 7 자는 자들은 밤에 자고 취하는 자들은 밤에 취하되 8 우리는 낮에 속하였으니 근신하여

믿음과 사랑의 흉배를 붙이고 구원의 소망의 투구를 쓰자 9 하나님이 우리를 세우심은 노하심에 이르게 하심이 아니요 오직 우리 주 예수 그리스도로 말미암아 구원을 얻게 하신 것이라 10 예수께서 우리를 위하여 죽으사 우리로 하여금 깨든지 자든지 자기와 함께 살게 하려 하셨느니라 11 그러므로 피차 권면하고 피차 덕을 세우기를 너희가 하는 것같이 하라 12 형제들아 우리가 너희에게 구하노니 너희 가운데서 수고하고 주 안에서 너희를 다스리며 권하는 자들을 너희가 알고 13 저의 역사로 말미암아 사랑 안에서 가장 귀히 여기며 너희끼리 화목하라 14 또 형제들아 너희를 권면하노니 규모 없는 자들을 권계하며 마음이 약한 자들을 안위하고 힘이 없는 자들을 붙들어 주며 모든 사람을 대하여 오래 참으라 15 삼가 누가 누구에게든지 악으로 악을 갚지 말게 하고 오직 피차 대하든지 모든 사람을 대하든지 항상 선을 좇으라 16 항상 기뻐하라 17 쉬지 말고 기도하라 18 범사에 감사하라 이는 그리스도 예수 안에서 너희를 향하신 하나님의 뜻이니라 19 성령을 소멸치 말고 20 예언을 멸시치 말고 21 범사에 헤아려 좋은 것을 취하고 22 악은 모든 모양이라도 버리라 23 평강의 하나님이 친히 너희로 온전히 거룩하게 하시고 또 너희 온 영과 혼과 몸이 우리 주 예수 그리스도 강림하실 때에 흠 없게 보전되기를 원하노라 24 너희를 부르시는 이는 미쁘시니 그가 또한 이루시리라 25 형제들아 우리를 위하여 기도하라 26 거룩하게 입맞춤으로 모든 형제에게 문안하라 27 내가 주를 힘입어 너희를 명하노니 모든 형제에게 이 편지를 읽어 들리라 28 우리 주 예수 그리스도의 은혜가 너희에게 있을지어다.

6강

신령한 노래

「주님의 은혜」(『찬송』 212장)

　「주님의 은혜」, 이 노래는 엄숙하다든지 장대하다든지 그런 톤이 아니고, 무엇을 사모하고 동경해 가면서 부르는 노래입니다. 찬송의 가사는 결국 "주님 앞에 경배를 하오니 받아 주시옵소서" 하는 노래입니다. 주님 앞에 섰을 때 우리의 심정은 언제든지 두려워하는 심정, 또 공경하는 심정입니다. 경외라는 기본적인 심정은 언제든지 우리에게 늘 있어야 하는 거지만, 단순한 경외만이 아니라 좀 더 적극적으로 나가면 주께 대한 사랑이 항상 중요합니다. 주님 앞에 충분히 두려움과 공경을 가지고 나아가나, 만물을 그리스도와 함께 우리에게 다 주신 일, 사랑하시는 아드님을 우리에게 주신 무한하신 사랑에 대해서 우리의 사모(思慕)를 담고 있어야 합니다. 우리 마음의 찬탄은 엄숙하고 장대한 것만을 표시하려는 게 아니고, 부드럽고 동경하는 심정 또 그에게 대한 자기의 애틋한 사모를 표시하는 것이 좋습니다.

자기 자신의 애상(哀想), 센티멘털리즘을 나타내는 건 찬송으로 좋은 찬송이 못 됩니다. 죄로 말미암아 슬픔이 있어서 슬픔을 호소할 때는 물론 우리가 그에 따른 멜로디를 불러서 호소할 수 있습니다. 하지만 찬송이란 말 자체가 엄격하게 따지면 주님은 들으시고 우리는 주님의 어전(御前)에서 그의 거룩하신 덕과 그분으로 말미암아 받은 은혜의 터 위에서 우리의 감수(感受), 느낌과 깨달음을 전하되 하나님 앞에 아뢰고 그로 인하여 하나님을 기리는 데 있습니다. 기린다 하는 심정에는 거기에 애모(愛慕)도 있습니다. 즉 사랑하는 심정이 있고 또 사모하는 까닭에 때를 따라서 마음 가운데에 거기로 돌아가고 싶은 것입니다. 뵙고 싶고 같이 있고 싶고, 또한 모든 일에 그가 손을 잡고 간여해 주시기를 바라는 심정이 있습니다. 한 인격이 다른 인격에 대해서 가질 수 있는 가장 구체적이고 현실적인 심정이 거기 섞여 있는 것입니다.

우리가 예배를 생각할 때 항상 기초적으로 하나님의 두려우심과 거룩하심, 가까이 가지 못할 빛에 거하시는 분에 대한 외포(畏怖), 이것이 맨 처음의 중요한 심정입니다. 그래서 심지어 독일의 학자들은 종교는 두려움에서, 공포에서 발생했다 하는 소리까지 합니다. 그러나 하나님을 모르는 사람들은 오히려 하나님을 두려워할 줄도 모르고 공경할 줄도 모르고 제 맘대로 다 합니다. 세상에서 아주 흔히 쓰는 속담 '하룻강아지 범 무서운 줄 모른다'고 말하는 그대로입니다. 하나님을 조금이라도 생생하게 느꼈을 것 같으면 필연 두려움을 가져야 하는 건 분명한 사실입니다. 그러나 그것은 자연계의 위력에 대한 인간적인 공포라든지 자기 앞에 화색(禍色: 재앙의 징조)이나 죽음이 박두해서 받게 되는 더할 수 없는 두려움이나 당황이 아니라, 천지의 대주재의 사실에 대해서 자기가 느꼈을 때에 가지는 훨씬 숭엄한 두려움이올시다. 숭엄한 두려움은 동시에 미미하고 아무것도 아닌 자신을 알게 하는 까닭에 그리로 의지하고 그에게로 돌아가겠다는 귀의(歸依)의 심정을 일으킵니다. 화색이 박두했을 때나 목전에 죽음이 턱 이르렀을 때 귀의라는 심정은 없는 것입니다.

참된 두려운 심정을 가질지라도 늘 경배하고 사는 사람에게 언제든지 주조적(主調的)인 가장 큰 심정은 경외인 것입니다. 항상 거하는 큰 심정은 경외입니다. 히브리 말로 '이르앗 아도나이'(יִרְאַת אֲדֹנָי), 주를 경외하는 것입니다. 마음 가운데 주님의 무한하심과 위대하신 것을 아는 동시에 그 앞에 부복하고 그를 섬기고 싶다는 마음의 요구가 생깁니다. 일생 내가 전부를 드려서 섬겨도 다함이 없다고 느끼는 것입니다.

그전에 우리가 경배에 대해 배운 것같이 예배할 때 경배를 받는 대상이 어떠한 분인가에 대한 나의 이해가 부분적이거나 미약하면 안 된다고 했습니다. 그러면 사람이 사람에게 절하는 정도밖에 안 될 뿐입니다. 경배는 보통 사람이 사람에게 절한다는 상태와 다르다는 것인데, 같은 용어를 썼지만 다른 것입니다. 그는 절대의 대주재이시고 창조주시고 또한 내 모든 것의 소유주가 되시는 까닭에, 또한 내가 그를 위해서 지음을 받았으니까 나는 일생을 드려서 그를 섬겨도 다함이 없다 하는 그런 심정이 있어야 합니다. 즉 상대는 그러한 분이다 하는 인정이 나에게는 중요한 것입니다. 가령 경례를 한다 할 때 실례되지 않는 경례, 경의의 표시가 언제든지 상대의 가치를 정당하게 인정하고 거기에 상당한 자기의 경외를 표시해야 한다고 했습니다.

우리가 하나님을 알 때 신(神)들 가운데 가장 큰 신이나 모든 세력 중에서 제일 큰 세력이라는 식으로 생각하는 정도이면 좋지 않습니다. 그는 절대이시고 전부이시며, 그는 만유의 주가 되시고, 그에게만 홀로 생명과 빛이 항상 영원히 있으며, 우리들 자신이 그에게 모든 것을 드려서 섬길지라도 다함이 없는 하나님이시라고 인정해야 한다고 했습니다. 이러한 숭엄한 것이 언제든지 따라다니는 것입니다. 그러나 숭엄과 엄숙만 있는 게 아니고, 그에 대한 사랑이 더 귀중한 것입니다. 그를 공경하여 늘 모시고 살고 싶고 따뜻하게 교통하고 싶은 요구라는 것은 참된 하나님의 자녀가 가지는 아버지에 대한 정당한 심정입니다. 아람 방언으로 '아빠'(abba)라는 말을 썼는데, 그건 아주 어린 아들이 친숙한 심정을 가지고 아버지한테 가서 매달리는 것과 같은 심정인 것입니다.

미를 이상화하는 예술

이것이 우리가 찬송을 쓸 때 찬송을 부드럽게 길게 뽑아서 동경과 사랑과 사모를 섞어 가지고 부를 수 있는 근거가 되는 것입니다. 그것을 나타내면 자연히 그렇게 될 겁니다. 이 세상의 로맨틱한 노래와 그것이 다른 점은 세상의 로맨틱한 노래는 그 대상이 사람입니다. 사람인 까닭에 불러 나가는 가사의 내용이 대상 자체의 사실이 아니라 대상을 이상화한 묘사일 것입니다. 시인들이 가장 그런 말을 잘 써서 표현하는데, 언어와 사료(史料)를 잘 섞어서 이상적인 표현으로 불러 나가는 까닭에 아름답습니다. 그 시의 표현이란 부분을 빼 놓고 보면 대부분 사실이 아닌 일들이 많습니다. 가령 동양에서 흔히 잘 듣게 되는 비류직하 삼천척 의시은하 낙구천(飛流直下三千尺 疑是銀河落九天)*이라 하는 말을 볼지라도 표현 자

---

* 날 듯이 흘러 수직으로 삼천 척 떨어지니 / 이는 아마도 은하수가 구천에서 떨어지는 듯하구나.(이백李白의 망여산폭포望廬山瀑布에 나오는 시구)

체가 과장법입니다. 삼천 척이나 구천이란 말을 쓸 때 여산(廬山)의 장엄한 폭포를 쳐다보고서 쓴 말이긴 한데 원 폭포가 아무리 장하다 할지라도 삼천 척이라 하는 말로 표시하면 말이 맞겠느냐 할 수도 있을 것입니다. 또 구천(九天)에서 은하(銀河)가 떨어지는 것 같다 했지만 사실상 그 시의 표현은 대상을 훨씬 이상화해서 표현함으로써 그것 자체가 지니고 있는 굉장함을 한번 나타낸 것입니다. 그러나 이상화한 그것이 현실은 아닙니다. 하지만 하나님께 대한 노래는 우리가 아무리 이상화해 봐도 다할 수 없는 것입니다.

그렇게 웅장한 표현은 내용과 서로 잘 어울리지 않는 면, 평형(平衡)이 없는 면이 있을 뿐 아니라 그 시의 동경(憧憬) 또 거기에 담겨 있는 강렬한 로맨티시즘은 요컨대 최종적으로 사람의 세계에 나타난 미의 이상화입니다. 하나님 당신의 상(像)을 우리가 터득하고 이해한 만큼이라도 노래를 부른 게 아니라, 즉 많은 사실 가운데 어떤 부분을 내가 터득한 만큼 표현해 나간 게 아니라 사람의 세계에 있는 어떠한 사실을 보고 그로 인하여 받은 자극은 훨씬 이상적인 세계인데, 그것은 작가 자신이 만드는 세계인 일이 많습니다. 사람은 하나님의 형상으로 만들어진 까닭에 필연적으로 심정으로 추구하는 아름다운 세계가 있습니다. 이는 사람에게 예술을 가능하게 하는 중요한 요소인데 그렇게 만들어 내려는 경향 때문에 작자(作者) 자신의 세계를 만드는 때가 많습니다. 대상을 크게 이상화하여 사실과 많이 다르다는 것을 표현하므로 그 작품의 소재를 이루고 있는 실질과 괴리가 큰 것입니다.

서양 사회에서는 구원의 여성이라 하는 것을 중요한 테마로 삼는 일이 많습니다. 그러한 이상(理想)이라고 할지 관념이 많이 퍼져 있어서 단테(Dante)의 『신곡』(神曲)을 볼 때도 베아트리체라는 여성을 이상화해서 구원의 여성으로 그려놓았습니다. 신곡을 대강이라도 읽어 보면, 마지막 천당 편에 베아트리체가 단테를 인도해서 천상의 영광의 보좌 앞으로 이끄는 장면이 나옵니다. 최후에는 그 구원의 여성의 손에 건짐을 받는다 하는 아이디어입니다. 베르길리우스(Virgil)의 인도를 받아서 연옥으로 지옥으로 돌아다니면서 구경을 하던 그가 마지막에는 베아트리체의 손에 이끌림을 받습니다. 그러나 베아트리체라는 여자는 실은 남의 부인으로서 단테가 혼자 사랑했던 여인입니다. 단테와 혼인은 하지 못하고 남의 부인이 됐다가 죽은 여자입니다. 특별한 여자도 아니고 어디든지 있을 수 있는 여인인데, 그가 이렇게 오랫동안 남의 입에 오르내리게 된 것은 단테의 기묘한 붓 때문입니다. 그러니까 세상 속된 말로 하면 그 여자로 봐서는 행복한 여자라고 할 수밖에 없습니다. 어떻게 묘하게 단테와 같은 위대한 천재의 눈과 손에 묘사된 덕분에 여러 세기를 흘러서도 이름이 남게 된 것입니다. 괴테가 쓸 때에도 구원의 여성이란 아이디어가 있어서 그레첸(Gretchen)이라는 여자를 써 놨지요? 『파우스트』(Faust)에서도 그 여인을 구원의 여성이란 상으로 만들어 놓았다 말씀입니다.

　이렇게 사실상 현실을 놓고 볼 때에는 인간은 모든 추(醜)와 오염과 결핍들을 다 지니고 있고, 중생(衆生)이 사는 이 세상의 상(相)을 가지고 볼 때에는 그것이 현실입니다. 그렇지만 그걸 이상화해 가지고 자기 자신의 상상과 꿈의 세계라고 할 것을 그려서 찬연하게 드러낸 것입니다. 그런고로 자신이 이상으로 생각하는 어떤 영상(image)을 놓고 노래를 불러 나가는 경우가 많습니다. 아무리 실제의 인물이고 시인 자신이 마주한 사람의 이야기라 할지라도 객관적으로 냉정히 관조하고 관찰할 때는 결국 사실일 턱이 없습니다. 어떤 시인이 굉장하게 시를 써서 그렇게 대상을 노래했어도 현실과는 거리가 먼 것입니다. 예를 들어서 그 사람들이 혼인을 해 가지고 30년만 같이 살도록 만들었다면 그동안 싸움도 여러 번 했을 게고, 싫다 소리도 수십 번 했을 게고, 그것 다 거짓말이라는 소리도 수백 번은 했을 것입니다. 그저 시, 그것만 남겨 놓고 보니까 굉장히 열렬하게 애소(哀訴)를 하는 데가 있습니다. "그대는 나의 영혼이요 그대는 나의 심장이요, 또 그대는 나의 기쁨이요 나의 슬픔이다" 하는 그런 시를 보더라도, 나중에는 또 "내 모든 괴로움을 다 묻어 버리는 대지(大地)의 무덤이 된다, 나를 높이 끌고 올라가는 저 하늘이다." 원, 그렇게까지 표현을 했지요? 그런 표현이 좋고 거기에 다 공감을 해서 위대한 작곡가가 거기다가 작곡도 해서 붙인 것입니다. 그것이 위대한 예술로 남아서 우리도 다 잘 부르는 노래가 되었습니다.

그렇지만 그런 것이 찬송이 되느냐 하면 찬송이 안 된다는 겁니다. 가사도 안 되지만 곡도 애초에 그런 가사에 적합하게 지었다고 할 때 거기에 다른 것을 붙이면 곡도 좀 우습습니다. 많은 사람들 입에 자주 오르내려서[膾炙, 회자] 다 잘 알려진 거기다가 '오, 주님 내 예수님' 그런 말을 붙이려면 조금 싱겁고 어색합니다. 뭔가 이상합니다. 개혁시대에는 그런 일을 많이 했습니다. 개혁시대에 조금 이상하게 느꼈던 것이 시대가 한참 지나니까 원래의 말은 어디로 가 버리고 이제 오늘날은 그것이 성가(聖歌)와 같이 들리는 것들이 많습니다. 요컨대 곡이 추상적인 까닭에 이리 놓으면 이것이 되고 저기다 놓으면 저것이 되고 하는 수가 있습니다. 위대한 바흐(Bach)도 독일에서 전통적으로 내려오던 그런 것들을 취해 참 굉장한 찬송 혹은 찬양하는 곡으로 꾸며 놓은 일이 있습니다. 하지만 이미 알려져 있는 것은 알려졌다는 것 때문에 조금 어색하고 우스운 것입니다.

이 세상의 예술이란 게 그렇지만 참된 하나님 나라의 거룩한 사실을 노래하며 하나님 앞에 경배하려고 아무리 부드럽고 아름답게 노래를 불렀어도 하나님의 사랑을 받은 사람의 그 심정을 잘 나타낼 수 있는 것은 아닙니다. 동경과 사모에 찬 그리운 심정, 부드럽고 행복한 마음을 다 나타낼 수 있는 것은 아닙니다. 그러나 가급적 그런 것을 제대로 나타내는 것은 우리의 정서에 참으로 크게 도움을 주는 것이며 또 하나님 앞에 그러한 노래를 부르는 것이 좋은 일인 것입니다.

신령한 노래와 예배 찬송

오늘의 얘기는, 예배의 찬송이란 것이 장대하고 엄숙하고 그러고 객관적이며 규격에 딱 맞게 그렇게만 하는 것은 아니다 하는 것입니다. 오늘 아까 부른 「주님의 은혜」라는 곡도 주로 주님의 은혜를 생각하면서 사모하면서 멀리 동경하는 심정으로 노래를 불러야 할 것인데, 지금까지 우리가 예배하는 찬송 스타일에서 보면 좀 더 이색적인 것입니다. 이색적이거나 변화가 좀 많아도 좋다는 것입니다. 예배라는 것이 꼭 어떠한 일정한 큰 틀의 정조(情操), 그런 센티먼트 (sentiment)만 강조할 수는 없습니다. 다만 해서는 안 될 것들은 늘 주의해야 합니다. 해서 안 될 것이란 결국 하나님께 대해서 부르는 노래가 되어야지 하나님은 옆에다가 모시고 사람들끼리 하는 얘기가 되면 안 된다는 것입니다. 사람에게 권선징악을 말하는 식이라든지, 그렇지 않으면 자기 자신이 가지고 있는 감사, 즐거움, 평안 등의 받은 은혜에 대한 고백과 토로만으로 담긴 노래는 좋지 않다는 말입니다. 언제든지 하나님 당신한테 돌아가야만 합니다. 생각을 그리로 모아야 합니다. 그건 우선 가사가 그래야 합니다. 곡이라는 것은 그보다 훨씬 구체성이 약합니다.

그런 까닭에 개혁시대에는 독일 민요들을 취해다가 가사를 붙여서 찬송을 만든 것도 있었습니다. 그것이 전혀 아무 효과도 없고 나빴다는 것은 아닙니다. 다만 이상적인 것은 아니었다는 것입니다. 가장 좋은 것은 곡 자체도 그런 동기와 확실한 목적을 의식하고서 만들어 놓은 곡이 찬송으로 제일 좋은 것입니다. 그런고로 찬송 혹은 찬미라 할 때는 반드시 하나님께 아뢰는 것이 돼야 합니다. 우리가 예배를 드리는 시간에 예배를 드리고 그 프로그램의 진행 가운데에서 여타의 별다른 것, 예컨대 그 은혜에 대한 감사를 부를 수가 있습니다. 그것을 부를 수 없는 건 아닙니다. 꼭 예배 찬송만을 전부로 해야 한다기보다 그것이 그만큼 중요히 시간을 차지해야 한다는 뜻입니다. 시간이 간 다음에는 우리가 예배하는 프로그램 가운데 죄를 고백하기도 하고, 또 자기의 감사도 올리는 겁니다. 그 다음에는 내 얘기만 하지 않고 하나님께서 나에게 무슨 말씀을 하시는가에 대해서 듣고, 듣기만 하는 것이 아니라 상고(詳考)하는 시간도 있습니다. 즉 성경 낭독을 듣기만 하는 게 아니라 성경을 강해해서 상고해 나가는 것입니다.

프로테스탄트 예배를 꾸며 나갈 때 이런 것들을 다 포함해 가지고 예배 의식 가운데 넣었습니다. 물론 하나님의 거룩한 말씀을 상고할 때는 성경공부 반에서 공부하는 식으로 테크니컬(technical)하게 하는 것보다 그 속에 소위 영어로 말하면 확실한 메시지가 든 얘기를 해야 합니다. 즉 강설, 설교, 이것은 케뤼그마(κήρυγμα)로서 단순히 남에게 디다스코(διδάσκω), 가르치는 것과는 어떤 점에서 다른 점, 상이점을 가져야 합니다. 예배를 할 때는 그것이 가르친다는 것, 디다케(διδαχή), 그것만을 전부로 삼는 건 아닙니다. 거기에는 말씀의 거룩하신 뜻을 하나님께서 그 자녀에게 "들으라!" 하시며 전하는 것입니다. 들으라고 선포하는 것입니다. 그러니까 다른 말로 말하면 찬송이란 것을 보더라도 완전히 예배에 집중하는 것이 제일 좋은 것이고, 그러니 예배에 집중하는 찬송 이외에 자기가 받은 은혜에 대한 감사를 하나님께 올리는 것을 해서는 안 된다는 법은 없는 것이다 그겁니다. 그리고 자기의 결의 또 하나님께 대한 자기의 어떤 심정을 고백하는 것도 있을 수 있고, 죄의 용서를 구하는 것도 있을 수 있습니다. 그러나 신령한 노래를 자꾸 거기 끼워 가지고 부르는 건 좋은 풍습이 아닙니다. 신령한 노래를 부를 수 있는 시간이 있습니다. 같이 앉아서 하나님 앞에 기도를 중심으로 하는 기도회나, 같이 앉아서 서로 받은 은혜를 고하고 하나님이 주신 은혜를 제3자적인 자리에서 영광을 돌리자고 찬양을 할 때 같이 할 수 있습니다. 이것은 하나님 앞에 내가 직접 한다는 것보다도 하나님께서 우리가 하는 것을 하감(下鑑)하시고 우리의 소리를 들어주시기를 확실히 기대하고 믿으면서 찬송하는 것입니다. 자기 마음의 평안, 마음에 받은 은혜의 내용, 또 마음에 받은 슬픔, 이런 것들을 또한 노래할 수가 있습니다. 이것을 '신령한 노래'라 하는 장르에 집어넣고서 그렇게 구분해서 쓰는 것입니다.

성경에 "술 취하지 말라 이는 방탕한 것이니 오직 성령의 충만함을 받으라. 시와 찬미와 신령한 노래들로 서로 화답하며 너희 마음으로 주께 노래하며 찬송하며"(엡 5:18-19)라는 말씀이 있습니다. 여기 보면 '시'와 '찬미'와 '신령한 노래'라 하고 나뉘어 있는데, 대개 찬송학(讚頌學)이라 하는 데서도 그렇게 나눠 가지고 생각합니다. 아무리 요새 세상이 혼탁하게 변했다 하더라도 아직까지 찬송학에서 시, 찬미, 신령한 노래는 나눠 가지고 생각합니다. '시'라 할 때는 주로 옛날부터 우리 주님 당시에도 찬송을 부르셨는데 주로 시편을 가지고 부르셨습니다. 그렇게 시편을 가지고서 만든 것들이 있습니다. 세계의 여러 교회 중에 오랫동안 시편만을 자기네 교회의 찬송으로 쓰는 데도 있습니다. 그러나 위대한 찬송 작가가 나면 그로 인하여서 훌륭한 찬송의 재산이 자꾸 불어가는 것입니다.

찬송이라고 할 때 종교적인 가곡을 교회에 모여 가지고 함께 부르면[聯唱] 다 찬송이다 이렇게 생각하지 마십시오. 엄격하게 구분할 때는 꼭 하나님 앞에 거룩하신 영광과 덕과 또 은혜의 내용을 찬송해 나가는 그것을 의미하는 것입니다. 그런고로 대상이 하나님이고 하나님께 직접 올리는 것입니다. '신령한 노래'라 할 때는 직접 올린다는 목적보다 개인의 종교적 경험이 많이 담긴 곡이라 할 수 있습니다. 그런 것을 직접 올려서 나쁘다는 말은 아닙니다. 그 가사의 내용 가운데는 우리 서로의 권고도 있고 권선징악도 있는 것이고, 또 우리들의 고백도 있는 게고, 종교적인 경험이나 자기의 쎈티먼트[情操]를 종교 가곡에 의탁해서 불러나가는 것입니다. 그러나 찬송이 되기에는 거기에 부족한 여러 가지 요소가 있습니다. 그럴지라도 세상에 있는 보통 예술 가곡이라든지 다른 가곡과는 다른 그것대로의 특이성이 있다 말씀입니다. 그래서 이런 것을 '신령한 노래'라 하는데, 그 신령한 노래라는 것을 예배 찬송에다 뒤섞는 것은 좋지 않습니다.

　신령한 노래는 흔히 자기 집에서 어떤 것을 자기가 선택해서 원하는 대로 부를 수 있는 것입니다. 그때의 기분, 그때의 소원, 그때의 마음 가운데에서 다 부를 수 있습니다. 개인으로도 그렇고 집안에서 같이 기도회로 하면서 부를 수 있습니다. 옛날에는 가정기도회란 말을 주로 썼고 요즘에는 가정예배란 말을 또한 많이 씁니다만 어찌 됐든지 예배를 드리면 드리는 것이니까 안 되는 건 아닙니다. 그런 때는 직접 찬송을 하는 찬미에서 골라서 불러도 좋고, 그렇지 않으면 혹은 신령한 노래로 부를 수도 있습니다. 그렇게 하면 안 된다든지 하는 건 없습니다. 그러나 교회 앞에서 그것을 엄격하게 바로잡아서 항상 제자리에 놓을 것을 놓아야 합니다. 구별해서 불러야 합니다. 어디서든지 다 한 타령으로 신령한 노래로 찬송을 한꺼번에 해버려도 좋다고 하면, 결국 찬송하고 신령한 노래하고 특별히 쓰는 게 다를 게 뭐가 있겠느냐 하는 말이 될 것입니다.

　이렇게 가정에서든지 교인들끼리 모여서 특별히 그 시간에 자기네끼리 하나님 앞에 무슨 찬양을 하고 싶다든지 할 때 그렇게 할 수 있습니다. 하지만 교회가 정규적으로 하나님 앞에 예배를 드리겠다는 가장 숭엄하고 확실한 목표를 가진 그 시간에는 이 '신령한 노래'로 찬송을 대체하는 것이 좋은 것이 아닙니다. 하나님을 찬양하는 찬미를 뽑아서 예배를 드리는 것이 좋다 말씀입니다. 그렇지만 예배하는 찬미의 시간을 상당히 가지고 하면서 우리가 성도의 교제로서 광고를 하는 것도 뜻이 있듯이 자기의 신앙고백이나 죄의 고백 같은 것들을 곁들여서 할 수도 있습니다.

「주여 그 긍휼로」(『찬송』 217장)

자기의 죄를 하나님 앞에 슬픈 심정으로 고백하는 것은 직접 하나님을 찬송하는 일은 아닙니다. 슬픈 심정으로 곡을 잘 붙여 가지고서 "이 죄인을 완전케 하옵시고" 하는 찬송을 했다면 그건 찬송가에 있는 한 노래가 되긴 해도 그대로 하나님 앞에 찬양이 되는 건 아닙니다. 사람은 분명히 가사나 곡에서 찬양을 할 수 있는 재주도 있고 그런 능력도 있고 그런 작품도 다 있습니다. 그런데 왜 하필 직접 찬미를 올리는 그 시간까지 자기 죄의 고백에 대해서 죄인을 완전케 해 주십시오 하는 기구(祈求)를 가져다 놓아야 하느냐는 것입니다. 이런 것을 직접 하나님을 찬미하는 찬송으로 고르지 않는 것이 좋습니다. 그러나 그것은 절대로 그때 써서는 안 된다는 게 아닙니다. 하나님 앞에 기리고 높여서 찬양을 하는 시간이 지나면 같은 예배 시간이라 할지라도 마치 헌상(獻上)을 하거나 광고도 하듯이 할 수 있습니다. 광고라는 것도 성도의 교통이라는 것을 주로 이야기하느라 하는 것입니다. 그러고 또 우리들 자신이 하나님 앞에 죄를 고백하는 시간으로 그런 찬송을 불러 나갈 수 있습니다. 우리 마음 가운데 주신 은혜에 대한 감사로도 그런 찬송을 부를 수 있습니다.

죄의 고백이라든지 은혜의 감사라는 걸 찬송이라는 형식으로만 해야 하는 건 아닙니다. 오히려 우리에게 죄의 고백이나 은혜에 대한 감사는 기도의 형식을 취하는 것이 더 좋습니다. 그래서 찬송은 어디까지든지 가장 찬송다운 것으로서 즉 그것이 곡조가 있다는 것, 소리를 내서 곡조를 아뢴다, 주창(奏唱)한다, 하는 이것 때문에 특색이 있는 것입니다. "주여, 나의 죄를 용서합소서" 하고 곡을 붙여 가지고 고할 수 없는 건 아니나, 곡을 붙여 고하면 "주여, 저희 죄를 용서하시옵소서" 하고 말로 하나님 앞에서 대화를 하는 식으로 하는 것보다 더 효과 있다고 이야기할 수는 없습니다. 오히려 효과 없을 수도 있는 것입니다.

그것을 할 수 없다는 것은 아닙니다. 왜냐하면 마음에 감격이 넘치고 혹은 통분이 넘치는 것을 잘 표현했다면 거기 의지해서 자기 자신의 죄를 용서해 줍소서, 하는 말이 가지고 있는 의미를 그냥 말로는 별로 깨닫지 못하는 일반 교중(敎衆)의 둔감성에 호소를 할 수도 있습니다. 이런 때에는 그런 것들이 필요한 것입니다. 그러나 그러한 작품들이 그렇게 많지 않습니다. 대개 보면 박자만 척척 맞아서 다른 말로 얼마든지 바꿔 놓더라도 상관없는 정도의 곡에다 어떻게 용케 그 말을 잘 붙여 가지고 노래를 하게 합니다. 그래서 어느 때는 그 말이 중간에서 떨어지기도 하고 토씨가 위에 가서 붙어야 할 게 아래에 가서 갑자기 강박(强拍)에 붙어 나오는 이상한 가사도 나오는 것을 다 아실 겁니다. 우리나라 찬송에 그런 이상한 것이 많습니다. 하도 많이 들어서 면역성이 생겨서 모르고 지나가니까 그렇지 처음에 듣는 사람이면, 참, 무슨 말인지 외국 말 듣는 것 같은 가사가 있습니다. "날 빛보 다더밝 은천당" 한다면 외국 말 아니냐 하는 식으로 들릴 수밖에 없는 것입니다. 이런 점으로 봐서 찬송은 찬송의 요소를 충분히 가지고 그 요소를 가장 잘 활용해서 거기다가 마음을 다 기울여 부르는 것이 제일 좋은 찬송 연창법(聯唱法)입니다. 그렇게 생각하는 것이 좋습니다.

오늘은 찬송에 대해서 또 한 가지를 말씀을 드렸습니다. 한 가지씩 한 가지씩 매번 얘기하는 걸 잘 들으셨다가 그걸 다 종합해 정리해 보십시오. 찬송에 대해 마땅히 알고 있어야 할 여러 가지 것들을 말씀드린 것입니다. 지난번 잠깐이라도 찬송이 가지고 있는 미와 성격의 객관성이라는 걸 주의해야지 자기 주관을 거기다 너무 집어넣는 건 좋지 않다는 얘기를 주로 했습니다. 내가 슬프든지 기쁘든지 내 자신이 애상(哀傷) 가운데 있든지 무슨 좋은 일이 있든지 그것과 상관할 것 없이 어떤 찬송이 가지고 있는 거룩한 정조(情操)와 심정을 가지고 경배를 드리는 것이라고 했습니다. 슬프니까 하나님 앞에 경배 드리는 데 자꾸 울기만 하고 앉았다든가 기쁘니까 기쁜 것을 생각하며 히죽히죽 웃으며 경배를 드린다든가 하는 것들이 좋은 것 아니라고 했습니다.

찬송 자체가 가지고 있는 정서(mood)가 있습니다. 자기 스스로를 하나님 앞에 숭엄히 경배하자는 그런 무드로 끌고 가야 합니다. 그러니까 그만큼 찬송은 객관성이 강해야 하는 것이지 객관성이 미약하고 대단히 편파적이고 주관적인 심정을 토로하는 것들은 좋지 않다고 했습니다. 인간적인 심정을 많이 토로한 것들을 쓰는 건 좋은 것이 아니라고 이야기했습니다. 그래서 애상적이거나 우리 한국 교회에서 흔히 취택해서 부르는 3박자 곡들을 그렇게 자주 부르는 것은 좋지 않습니다.

그것과 더불어 오늘은 하나님 앞에 경배하는 찬송이 가지고 있는 변화성, 여러 가지 다양성이라는 것을 조금 생각해 보았습니다. 그럼 찬송을 하나 더 부르시지요. 「주여 그 긍휼로」(『찬송』 217장)입니다. 이것은 죄를 씻어 주시라는 찬송입니다. 그러나 주의 용서를 믿는 신앙과 또 그 마음 가운데 주님을 사모하는 기림과 찬양을 다 같이 얘기를 했습니다. 그러니까 맨 마지막 이야기가 "영원하신 주의 영광, 제 맘에 항상 사모하며 찬양하오니 받아 주시옵소서." 이 찬송도 주께 직접 올리는 찬송입니다. 그냥 '아, 나는 죄인입니다' 하는 게 아니라 직접 고백하고, 그다음에는 그를 찬양하고 그를 사모하는 심정을 표시하려고 한 것입니다. 이런 찬송을 우리가 예배할 때 예배의 찬송으로 주조(主調)로 쓰기는 좀 그럴지라도 나중에 찬송을 부를 때 부수(附隨)로 쓸 수 있습니다. 주조로는 물론 가장 객관적이고 하나님 당신께 예배하는 것을 중심으로 해야합니다.

그러나 우리가 주님 앞에 예배를 드리려고 할 때 우리 죄를 고백하지 않고 우리 자신이 죄인인 것을 느끼지 않은 채로 예배할 수는 없습니다. 그런 점에서 어떤 부분에든지 그러한 데에는 이러한 찬송이 제구실을 할 수가 있습니다. 역시 가장 좋은 것은 예배할 때는 하나님 당신의 영광과 권위, 통치의 대권, 그리고 그의 모든 아름다운 속성들을 직접 기리는 것이 가장 좋습니다. 여기도 그걸 전제로 생각하지 않는 게 아닙니다. 그걸 기리고 사모하는 심정이 없는 게 아닙니다. 그리고 곡조 전체가 비통해서 죄만 가지고 슬퍼서 통곡하고 호소하는 것보다는 나중에 하나님을 찬송하고 사모하는 심정을 얘기했습니다. 여전히 이 곡에도 동경(憧憬)이 있고 더불어 하나님께 대한 찬양의 심정을 표시하고 있습니다. 그러한 의미로 곡을 많이 끌고 나갔습니다. 이러한 것을 알고 우리가 다 제자리를 찾아서 부르는 게 좋습니다.

기도

거룩하신 주님이여, 주님을 저희들이 바로 찬송하고 진정으로 주께서 들으시며 기뻐하시는 찬미를 드리게 하시옵소서. 그로 인하여 저희들이 또한 더욱 주를 찬송하면서, 더 향상된 높은 심정에서 살게 하시는 거룩한 은혜가 저희들 교회 안에 항상 있게 하시옵소서. 높은 것과 낮은 것을 구별치 않고 혼탁하게 하는 것이 좋지 않고 주께 올릴 것과 사람에게 돌릴 것을 덮어놓고 뒤섞는 것이 좋지 않다는 원칙에 비추어 저희들이 주님을 찬송할 때는 과연 들으시는 찬송을 하게 하시고, 감사할 때는 과연 감사하며, 고백할 때는 과연 고백하는 확실한 의식적인 태도와 심정을 가지게 하여 주옵소서. 찬송이 가지고 있는 은혜로운 여러 가지의 사실들을 저희들로 하여금 더욱 현실적으로 깊이 맛볼 수 있게 인도하시옵소서.

주 예수님 이름으로 기도하옵나이다. 아멘.

1974년 6월 16일

예수만

바라보고

나가자

누가복음 18:35-43

35 여리고에 가까이 오실 때에 한 소경이 길가에 앉아 구걸하다가 36 무리의 지남을 듣고 이 무슨 일이냐고 물은대 37 저희가 나사렛 예수께서 지나신다 하니 38 소경이 외쳐 가로되 다윗의 자손 예수여 나를 불쌍히 여기소서 하거늘 39 앞서 가는 자들이 저를 꾸짖어 잠잠하라 하되 저가 더욱 심히 소리 질러 다윗의 자손이여 나를 불쌍히 여기소서 하는지라 40 예수께서 머물러 서서 명하여 데려오라 하셨더니 저가 가까이 오매 물어 가라사대 41 네게 무엇을 하여 주기를 원하느냐 가로되 주여 보기를 원하나이다 42 예수께서 저에게 이르시되 보아라 네 믿음이 너를 구원하였느니라 하시매 43 곧 보게 되어 하나님께 영광을 돌리며 예수를 좇으니 백성이 다 이를 보고 하나님을 찬양하니라.

예수님만 바라보고 나가자

(찬송가 합창, "길가에서 저 구걸하는 ……") [성약교회 찬송
가 130장(1967년) / 주 예수님 오신 날* Then Jesus Came. 작시
Oswald J. Smith 김홍전 역, 1절 가사. 길가에서 저 구걸하는 사람
소경이라 제 앞을 못 보나 주의 손이 그 눈을 만지시니 모든 어둠
곧 사라지도다 (후렴) 주 예수님 날 찾아오신 그날 슬픈 눈물 다 씻
어 주시고 근심 대신 참 소망으로 차며 모든 것은 다 벗이 되도다.]

찬송과 세상의 우수사려

은혜를 받으며 사는 사람에게는 참으로 하나님의 거룩하신 언
약이 오늘날도 살아서 움직이는데, 꿈과 소망을 끼칠 뿐 아니라 어
두운 자는 빛으로 이끄시고 질병의 노예 상태에서 놓아 주시며 괴
로움 있는 자는 괴로움을 제거하시고 연약한 자는 힘을 주신다 하
는 찬송입니다. 우리가 이 세상을 살아가는 동안 누구든지 다 때를

---

* 미출판 악보, 부록에 수록됨.

따라서 근심하고 어려움을 당하고 마음 가운데 이 세상의 우수사려가 나를 침노하기가 참 쉬운데, 그런 때마다 우리가 늘 예수님만 바라보고 나가자 하는 이야기인 것입니다.

예수님을 바라보고 나가자 하는 말이 무슨 뜻이겠는가? 성령님께서 우리 안에 거하사 거룩하신 말씀을 가지고 우리에게 가르쳐 주시는 큰 뜻이 있는데 나에게 근심이 있든지 걱정이 있든지 먼저 생각해야 할 일은 왜 너를 세상에 두었느냐는 문제입니다. 그것이 성경이 우리에게 가르치는 큰 제목입니다. 우리가 예수님만을 바란다는 것이 뭐냐 하면 주님 되신 그분이 내 안에 거하시고 그분이 인격자로서 나에게 지혜와 계시의 신으로 채워 주셔서 이미 나에게 주신 거룩한 말씀과 계획을 나로 하여금 늘 깨달아 바로 알게 하시는 점에서 예수님을 바라보자 하는 것입니다.

예수님을 바라보고 나간다 하는 말이 잘못하면 매우 추상적인 이야기에 불과할 수도 있습니다. 불교 믿는 사람이 부처 쳐다보고 나가는 것과 비슷하게 되는 것입니다. 불교 믿는 사람은 나무아미타불 해 가면서 부처를 염하고 가는 것입니다. 아미타불을 남무(南無)합니다, 귀의합니다. 그래서 세상에서 다 이런저런 우수사려를 걱정하지만 그것을 푼다는 것이 아니라 사실 그것은 실상이 없는 것이라고 설명합니다. '실상이 있는 것으로 알고 그 실질을 들여다

보면 허깨비에 불과한 것이다. 관신여실상(觀身如實相), 몸뚱이를 바라볼 때 실상이 있는 것으로 바라보지만 일체개적멸(一切皆寂滅)이다. 모든 게 정념(情念)이다.' 모든 것이 다 공공허허(空空虛虛)한 것에 불과한 것이라는 말입니다.

그러나 그리스도의 도리에서는 일체가 다 정념이라고 하지 않습니다. 걱정은 걱정인 것입니다. 그러면 그 걱정의 실상이 무엇인가요? 걱정의 실마리가 있는데 그것은 세상과 붙어 다니고, 세상 뒤에는 마귀가 있어서 하나님의 자식이 세상살이를 해나갈 때 필연적으로 닥쳐오는 문제로 정신을 못 차리게 합니다. 근심과 걱정 때문에 세상에서 왜 내가 살고 있느냐 하는 근본 큰 뜻에서 정신을 잃어버리게 만듭니다. 그러기가 참 쉬운 것입니다. 우리가 다 걱정을 가지고 있지만 암만 걱정을 가지고 있을지라도 우리의 마음 가운데 하나님께서 나를 세상에 두시고 하라고 하시는 그것을 소홀히 할 수도 잊어버릴 수도 없는 것 아닙니까? 그것을 분명하게 늘 쥐고 있어야지 내 걱정 때문에 잠시라도 놓아두고는 못 간다고 해야 할 것입니다. 그래서 그것을 밀고 나가노라면 걱정을 돌아볼 여지도 사실은 없는 것입니다. 거기에 충실히 하면 걱정할 틈이 없습니다. 그러나 걱정이 안 되는 것은 아닙니다.

여러분은 씨 뿌리는 자의 비유 가운데 가시덤불에 뿌리어졌다는 것은 가시가 함께 자라나서 씨가 온전한 결실을 못하게 한다는 것을 배웠습니다. 그 가시덤불이 뭐냐 할 때 첫째는 이 세상 염려라는 것입니다. 세상에서 사람들이 살려니까 불가부득 당하는 염려입니다. 세상이니까 우리는 염려스러운 일을 자꾸 당하는 것입니다. 이 세상의 염려, 그다음에는 거기보다 더 나아가서 재리(財利)의 욕심이 생기는 것입니다. 사람이 살되 행복하고 풍요하게 살아야겠다는 근본적인 요구 때문입니다. 사람은 풍성을 요구하는 근본적인 요구가 있는데 그것을 채우는 세상의 방법으로는 재리가 제일 좋은 방법입니다. 그러니 재리를 더 얻어야겠다. 다른 방법으로는 자기의 재주를 더할 수 없는 처지니까 대신 재리를 더해서 사는 데 더 보람이 있고 또 생활을 풍요하게 하겠다는 데서 재리를 추구하는 욕망이 생기는 것입니다. 셋째는 일락(逸樂)이라 혹은 기타 욕심이라 그랬습니다. 이 세상을 즐거워하고 그 향락으로 자기의 심정에 기쁨과 안위를 얻으려고 나아가는데, 그것이 우리의 마음에 달리 얻어야 할 기쁨을 대치한다 말씀입니다.

그러면 달리 얻어야 할 기쁨은 무엇입니까? "하나님으로 영원토록 기뻐할 것이니라." 우리 인생 최대의 가장 중하고 큰 목적이 무엇이냐 할 때 영원토록 하나님을 즐거우시게 한다는 것입니다. 또 영원토록 하나님을 내가 즐긴다는 사실입니다. 하나님께 기쁨을 드리고 나 자신도 즐긴다는 것입니다. 그런데 내가 하나님으로 말미암아 즐거워하는 대신 자기 자신의 탐심에 의해서 그 탐심의 대상으로 말미암아 즐기겠다는 데 가치를 두는 것을 성경은 경계하여 가르칩니다. 이 세상 염려라는 것은 사람이 살아가노라면 필연적으로 일어나는 것임을 여기에서 볼 수 있는데, 그런 것이 우리의 눈을 멀게 하기도 하고 우리의 영혼을 병들게도 하고 죄를 이길 수 없게도 합니다. 이로 인하여 우리가 길게 넘어져서 질질 끌려가는 것입니다.

세상의 암흑과 인간 세계에서 꾀하는 사람들의 인정, 혹은 인간 계의 암담한 욕심에 빠져 가지고 헤어나지 못하는 것입니다. 그렇지 않으면 사람의 전통과 고루한 생활 속에서 좀처럼 벗어나지 못하고 있는 사람들은 자기의 누더기 같은 의를 붙들고 어쩌면 좋을까 하고 방황하는 것입니다. 그런데 '예수님이 지나가실 때 그런 자를 바라보시고 그의 눈을 만져서 보게 하셨다. 손을 만지사 병이 낫게 하셨다. 문둥이를 깨끗하게 하시고 절름발이는 반듯이 서게 하셨다. 또 앉은뱅이를 일어나게 하셨다. 그리고 마음에 괴로움이 있는 사람에게 그 괴로움을 다 제거하시고 새로운 빛과 기쁨과 소망을 주신다.' 하는 것이 이 찬송입니다.

우리가 그러한 길을 늘 바라보고 이 세상에 사는 동안에 우리

스스로는 피할 수 없는 염려 가운데서도 주님을 붙들고 나아가야 합니다. 염려하면서라도 주를 붙들고 나아간다는 말은 주님한테 기도만 하고 나아간다는 의미보다 주님이 내 안에 계셔서 이루시려고 하는 일을 경감 없이 이루고 나아간다는 말입니다. 걱정스럽기는 하지만 어떻게 합니까? 어떤 사람이 군대로 나가서 전장(戰場)에 나갔는데 집안의 걱정 소식을 들었다면 걱정은 걱정대로 하지만 어떻게 합니까? 그런다고 싸움을 안 할 수는 없지 않습니까. 전선으로 자꾸자꾸 전진해서 싸움을 하며 진격을 하는 것이지 걱정스러우니까 진격을 멈추고 집으로 못 가는 것입니다. 주께서 우리를 불러내셨을 때 우리는 염려스러운 것은 염려스러운 것이고, 염려스러운 일을 당할 때라도 우리는 인생의 대도를 그냥 걷는 것입니다. 우리가 해야 할 일, 하나님께서 우리를 이 세상에 두신 본래의 큰 목적을 소홀히 하고 나아가서는 안 될 것입니다.

예수님을 바란다는 말의 의미

'사람이 이 세상에 와서 마땅히 해야 할 일은 무엇인가? 사람의 큰 목적은 무엇인가?' 그것을 이 세상 사람들은 교묘하게 설명합니다. 유교에서는 격물(格物)·치지(致知)·성의(誠意)·정심(正心)·수신(修身)·제가(齊家)·치국(治國)·평천하(平天下)로 가르쳤습니다. 사람이 먼저 소견이 생기고 사물의 이치를 제대로 분별하여 자신의 뜻을 진실히 하고 마음을 바로 정한다. 그다음에는 자기의 몸을 닦고 집안을 다스리라. 그다음에는 자기의 나라를 바로 잘 정돈해서 살도록 하는 것이고 그러고서는 천하를 태평하게 하는 것이다, 하는 프로그램을 세우고 나아갔습니다. 그것이 인생의 목적이고 존재의 의의인 까닭에 그 목적을 향해서 나아가는 프로그램 가운데 막아서는 난관이나 어려움은 당연히 극복하고 나아가야 한다는 것입니다. 그러나 유교의 사상이 반드시 어떤 사람이든지 자기 집안을 잘 돌아보고 다스려야만 그 다음에 인생 본래의 목적을 생각하고 나아갈 수 있다는 것은 아닙니다. 어떤 때 보면 엉뚱하게 위천하자 불고가사(爲天下者 不顧家事)라고 천하를 돌아보는 자는 자기의 사사로운 집안일을 돌아보지 않는다는 말도 있습니다.

그러나 성경이 우리에게 요구하는 것은 무엇입니까? 우리가 인생을 살면서 자기 앞에 당한 걱정에다 자기의 시간과 정력과 생명을 다 들여 가지고 그것을 푸는 데 주력한다고 생각해 보십시다. 또 하나 새로운 걱정을 당하면 그 걱정 푸는 데다 전심력을 다합니다. 그렇게 매번 당하는 걱정을 푸는 데 전심력을 다해서 주력하면, 그것들이 하나씩 풀려 가는 맛에 사는 보람을 자기는 느낄지 몰라도 일생을 그렇게 살고 나서 돌아보면 무엇을 이루어 놓았느냐 할 것입니다. 무엇 하나 이루어 놓은 것이 없는 것입니다. 그냥 거칠고 바람 부는 바다를 겨우 건너왔다 그것뿐입니다. 너는 무엇을 가져왔느냐? '아무것도 가지고 온 것 없습니다. 다만 오느라고 풍랑을 만나서 그 풍랑과 싸우다가 간신히 여기까지 왔습니다.' 결국 자기 하나 온 것뿐이에요.

그것은 겨우 자기 하나 이 세상 지나온 것입니다. 이 세상 지나가면서 주께서는 무엇을 가지고 오라고 하셨든지, 무엇을 이루고 오라고 하셨으면 그대로 해야 할 것입니다. 그런데 '아, 제가 그것을 이루고 또 돌아볼 여유가 없었습니다. 왜냐하면 걱정이 태산 같고 막 큰 파도[怒濤, 노도]가 나를 뒤엎는 바람에 그것하고 맞서느라고 어느 겨를[何暇, 하가]에 다른 것을 돌아볼 여유가 없었습니다'라고 할 수밖에 없을 겁니다. 그러니까 사실 걱정을 딱 마주해서 그것과 내가 씨름하기 시작한다면 결국 그것이 내 시간과 정력과 세월을 다 뺏고 마는 것입니다. 하나의 산을 넘어가면 또 하나의 산이 닥치고 그 산을 넘어서면 또 산이 닥치고 ⋯⋯.

지난번에 우리가 시편 121편을 배웠습니다. '내가 눈을 들어 산을 향하니 내 도움이 어디서 오느냐? 내가 산을 향하여 눈을 들리라. 도움이 어디서 오느냐? 이 산을 넘으면 또 한 산이 있다. 자 그러면 어떻게 하느냐? 그 도움은 천지를 지으신 여호와께로서로다.

주께서 나를 지키신다.' 거기에서 지키신다는 것이 중요하다고 했습니다. '주께서 나를 지키시니까 아무것도 나를 해할 수가 없다. 풍랑과 노도가 나를 휩쓸려고 위협할지라도 나는 그냥 내 길을 가련다.'

우리에게 이런 것이 올 때 성경이 분명히 가르친 것은 그것이 우리의 마음을 짓눌러서 내 인생의 본도(本道)를 상실하게 할까봐 두려워하는 것입니다. 내 인생 본래의 큰 목적과 가치를 잃어버릴까 두려워한다 말입니다. 인생 생활상 필요하다는 것들이 큰 걱정과 우수사려로 자꾸 나에게 닥치면 그것들이 나를 지배해서 내 마음을 아침부터 저녁까지 장악해 버리면 그 시간 동안 내가 생각해야 할 하나님 나라의 거룩한 영광을 생각할 틈이 없는 것입니다. 생각을 못하니까 어떻게 해야 할지 모르고 어떻게 해야 할지 모르니까 가지도 않는 것입니다. 아무 생각 없이 가만히 앉았어도 저절로 영광의 길로 가게 되어 있지는 않습니다.

사람이 영광의 길로 가게 되려면 매일 당하는 문제에서 인생의 본도(本道)는 여기 이 일에서 어떻게 나타나야 할 것이냐를 매일 생각해야 합니다. 그리고 매일 거기에 대해서 어떻게 해야 할 바를 알고 있어야 합니다. 어떻게 해야 할 바를 안다면 성령님을 의지해서 가야 합니다. 이런 것이 예수님을 바란다는 말의 구체적인 의미입니다. 예수님 당신이 신으로 내 안에서 거하시고 예수님 당신이 말씀을 우리에게 주신 까닭에 그리스도의 거룩한 사상과 인격의 모든 발휘가 말씀 안에서 나에게 터득되는 것입니다. 말씀을 떠나서 예수님을 막연히 바라면 꼭 부처 만들어 놓고 부처를 통해서 불(佛)을 염하는 것과 같게 되는 것입니다. 이렇게 생각하면 안 됩니다. 이렇게 감정적으로 종교를 해석하지 말고 훨씬 인식론적으로 바른 지식을 통해서 알아야 합니다. 깨달음을 통해서 안다 그것입니다.

계시의 창조적 가치

성경은 말씀을 듣고 깨닫지 못하면 길가에 뿌린 씨같이 참 냉랭하고 의미 없는 것입니다. 말씀이 그 사람하고 접촉을 했을지언정 그 사람에게 아무런 의미를 주지 못한다는 것입니다. 그러므로 깨달음이 중요합니다. 느낌이 중요하지 않습니다. 여기 부처를 보고 그 앞에서 아미타불을 생각하든지 석가세존을 생각하든지 그런 것이 아니라는 말씀입니다. 우리가 눈을 감고 예수님의 모습을 그리고 금 면류관을 쓰셨는지 가시 면류관을 쓰셨는지를 생각하는 식의 교묘한 소승적인 생각은 부당한 것입니다. 그것은 그리스도의 거룩한 말씀 자체에 대한 바른 해석이 안 되는 것입니다. 물론 우리는 다소간 어떤 반성을 하는 것이고, 성경을 보거나 무엇을 묘사한 것을 볼 때 거기에 의해서 자기가 연상하는 그림을 그릴 수 있습니다. 그림을 그리는 것 자체를 아주 악하다 할 수 없습니다.

그러나 그렇게 그림을 그릴 때에도 모형보다는 거기에 담겨 있는 그분에 대한 인식론, 그가 가지고 있는 사상과 교훈과 가르침의 요구가 더 중요한 것입니다. 그것이 없이 모양 하나만을 딱 그려 놓으면 의미 없는 것입니다. 어떤 사람들은 신비한 것을 바라본다고 열심히 기도해서 예수님이 나타났는데 금 면류관을 떡 쓰고 나타났다고 합니다. "그 예수님은 무엇을 생각하시고 또 무엇을 말하시더냐?" "무엇을 생각했는지 알 수 없지만 나를 보고서 '나는 예수다' 했다." 실컷 예수님이 하신 소리가 나는 예수다 한 것이라면 그것은 의미 없습니다. 내가 예수 아닌지 예수인지 모르고 있는데 지금 예수라고 해주는 정도라면 아무런 계시도 아닌 것입니다. 그게 무슨 계시겠어요? 계시라는 것은 우리가 장성하면서 여기서부터 어떻게 가야 할 것을 가르치는 것이 계시입니다.

그런 것이 없는 채로 다 알고 있는 이야기 하고 또 하면 그게 무슨 계시입니까? 그런 계시는 이미 받고 받아서 벌써 다 내 기초가 되고 만 것입니다. 내 속에 이미 돌고 있는 것입니다. 하나님의 계시라 할 때는 항상 자기에게는 창조적이라야 하는 것입니다. 지금까지는 깨닫지 못한 것을 깨닫게 해주는 데 계시의 가치가 있습니다. 깨닫게도 못해 주고 다 알고 있는 이야기라면 소용없습니다. '아, 나는 예수다.' 예수님인지 아닌지 사실 모르는데, '예수다' 했으니 '아 그렇습니까? 주여'라고 대답했다면 예수라는 증거는 어디에 있는 겁니까? 자기가 꿈꾸다가 예수라고 하니 '아 그렇습니까? 주여' 하는 겁니다. 이런 까닭에 별 이상한 것이 다 생기고 그렇습니다.

우리가 예수 그리스도를 바라본다고 할 때 오늘 지금 바라보는 예수는 불교도들이 부처를 바라보는 식으로 바라보는 것은 옳지 않습니다. 예수를 바라본다는 것은 지금까지 가지지 못했던 계시를 받는 것입니다. 나에게 주시는 바 거룩한 계시를 거기서 받습니다. 그것은 창조적인 까닭에 지금까지 어떻게 걸었는지를 반성시키고 회고시키는 데 중심이 있지 않습니다. 오히려 이제부터, 여기서부터 어떻게 가는지를 가르치는 사실을 더 바라본다는 의미입니다. 암만 바라봐도 그런 것이 없을 것 같으면 뭐 바라봤다고 할 게 있겠습니까? 그런 까닭에 예수님을 바라본다는 것은 항상 살아 계시는 예수입니다. 창조하시는 예수, 항상 빛 되신 예수, 이제부터 앞을 계속 인도해 나가시는 예수라 말씀입니다. 내 앞에서 가시는 예수를 바라보는 것이 우리에게 중요한 일입니다.

앞으로 우리가 이런 내용을 더 잘 알고서 이 찬송을 좀 더 잘 부르시기를 바랍니다. 조금 빨리 불러야 하고, 끝이 틀린 데를 좀 고쳐서 불러야 하겠습니다. 후렴 끝 소절에 '모든 것은'에서 '것' 자가 정확하게 위에서 7도 쑥 내려오게 불러야 합니다. 마지막 절을 한 번 같이 조금 빨리 불러 보겠습니다.

주 예수님 오신 날

1절   길가에 서서 구걸하는 사람 소경이라 제 앞을 못 보나
      주의 손이 그 눈을 만지시니 모든 어둠 곧 사라지도다.

2절   악한 병에 그 몸을 상한 사람 세상살이 다 괴롬뿐이나
      주 예수님 그 눈을 들어볼 때 그의 몸에 새 빛이 비춰네.

3절   큰 걱정과 또 근심 있는 이여 머리 들고 똑바로 걸으라
      주 예수님 널 찾아오셨나니 너의 안에 살고 계시리.

후렴   주 예수님 날 찾아오신 그 날 슬픈 눈물 다 씻어주시고
      근심 대신 참 소망으로 차며 모든 것은 다 벗이 되도다.

기도

거룩하신 아버지시여, 저희들이 주님 앞에 드리는 찬송은 성령님을 의지해서 드려야 하겠사옵니다. 저희 스스로 드리는 것이 아니옵고 성령께서 인도하심으로 아버님 앞에 상달되는 것을 믿고

진정으로 주께서 들으시는 찬송을 드리게 하옵소서. 자기의 종교적 열정이나 예술적인 감흥으로 노래를 부르거나 종교 가곡을 하는 것으로 찬송이 되지 않는 것을 깨닫게 하여 주시고, 아무 의식 없이 차례 지내듯이 하는 것이 얼마나 하나님 앞에 죄송스러운 것인가를 바로 깨닫게 하시옵소서. 진정으로 신으로 주께 찬송을 올리고, 찬송을 드린 그 심정으로 주님의 거룩하신 보좌 앞에 엎드려 또한 절할 수 있게 늘 저희를 이끄시고 깨우쳐 주시옵소서.

예수님 이름으로 기도하옵나이다. 아멘.

1967년 12월 13일

부록1 어린이용 공부자료
찬송에 대하여

* 이 글은 교회의 자모회에서 자녀교육용으로 신앙의 도리를 중심으로 성약
출판사의 책들과 김홍전 목사님의 강설, 성약 소식지 등을 참조하여 요약한
글입니다. 『신앙의 도리』(p. 29-30) / 『중생자의 생활』(제9강 찬송드리는 생활) /
『성약교회의 길』(4. 교회 예배에 대하여, 13. 예배 모범 해설) / 『성약출판소식』(제28
호 찬송에 대하여) / 『헌상에 대하여①』(p. 277-278) / 『헌상에 대하여②』(p. 226-
229) / 그 외 미출판 강설

1. 찬송과 예배는 비슷하면서도 다름

　찬송은 하나님의 영광을 깨닫고 말로 하나님의 이름을 불러서
그 영광을 기리고 높이는 것입니다. 예배가 하나님께 절하는 것이
라 하면 '그 이름을 불러서 기리고 높인다'는 점에서 찬송의 독특
한 점이 있습니다. 하지만 찬송과 예배 모두 하나님께 드린다는 점
에서 기본 정신이 같습니다. 우리는 찬송을 하면서 예배의 심정을

품을 수 있습니다. 무엇보다 찬송은 예배의 부분으로 포함되어 있습니다. 그러므로 찬송에 대해 배울 때는 예배와 같이 하나님께 드리는 마음 자세에 대해서, 또 예배와 구분되게 특별히 '말로 그 이름을 불러 높이는 것'에 대해서 배워야 합니다.

2. 은혜의 방도에 대해 하나님의 말씀에서 잘 배워야 함

무엇을 보고 배울까요? 찬송을 배울 때 함께 찬송 연습 시간에 열심히 부르기만 하면 되는 것이 아닙니다. 하나님께서는 은혜를 주시는 수단으로 몇몇을 우리에게 주셨습니다. 예를 들면 성경, 기도, 찬송, 예배, 헌상, 성례 등입니다. 이런 것들은 성경에서 구체적으로 어떻게 해야 하는지를 잘 가르쳐 주신 것들입니다. 그래서 성경을 통해서 배워야 합니다. 그냥 다른 사람을 보고 따라 하면 그릇된 상태에 빠지기 쉽습니다. 찬송도 어떻게 하는 것이 바른 것인지 배워야 합니다.

3. 찬송은 하나님을 기쁘시게 하려고 하는 것임

우리는 어떤 때에 노래를 부릅니까? 다른 사람에게 들려주려고 부르기도 하지만 일을 하거나 공부를 하면서 흥얼거리기도 합니다. 찬송도 노래이기 때문에 그냥 다른 노래 부르듯이 부르기 쉽습니다. 그럼 찬송이 다른 노래와 다른 점이 무엇입니까? 텔레비전에서 춤을 추면서 부르는 가요나 학교 혹은 유치원에서 배우고 부르는 동요 또 고전음악과는 무엇이 다를까요? 성경에서 찬송에 대해 가르치는 중요한 한 가지는 찬송은 '하나님을 기쁘시게 하기 위해서' 부른다는 것입니다.

우리가 다른 노래를 부를 때에 노래를 불러서 기쁨을 얻거나 위로를 받거나 하기 때문에 찬송을 부를 때도 '나'를 위해서 부르기 쉽습니다. 그러나 그 곡조에서 기쁨을 얻는다거나 위로를 얻으려 하거나 하는 태도는 하나님께서 가르쳐 주신 바른 태도가 아닙니다. 찬송은 하나님을 기쁘시게 하려는 것이기 때문에 하나님을 기쁘시게 하는 찬송이 아니면 찬송으로서 의미가 없습니다.

4. 하나님께 상달되는 찬송을 하라

우리가 어떻게 부르든지 마음과 정성을 다 드려서 부르면 하나님이 들으시는 것이 아닙니다. 자신은 잘못 없이 정성을 다해 제대로 한 줄 알지만 하나님 보시기에 잘못이 많고, 하나님의 법칙에 벗어나는 것들이 많습니다. 하나님께서 내신 법칙에 따라 바르게 기도하지 않으면 하나님께서 듣지 아니하시는 것과 마찬가지로 찬송도 하나님께서 듣지 않으시면 아무 의미가 없습니다. 하나님이 내신 찬송의 법칙을 잘 알고 그 법에 따라 드려야만 하나님께서 들으시는 바른 찬송이 되는 것입니다.

5. 찬미는 제사임

그러면 찬송은 어떤 의미를 가지고 있습니까? 히브리서 13:14-15에서 우리는 '찬미의 제사'라는 말씀을 봅니다. 하나님께서 기뻐하시는 찬송을 드리려면 찬송이 어떤 것인지 잘 알아야 하는데 '찬미의 제사'라는 말에서 찬송을 바로 알려면 제사에 대해서 잘 알아야 한다는 것을 깨닫게 됩니다.

구약 시대에는 제사를 하나님을 예배하는 중요한 형식으로 삼았습니다. 구약의 제사는 순서를 가지고 있는데 그 순서는 적어도 네 가지로 나뉘어 있습니다.

첫째는 죄에 대한 제사인데 주로 지은 죄에 대해서 속해 주시기를 바라서 드리는 것입니다. 그리고 또 남에게 잘못한 일에 대해서 그 허물을 자기가 보상하면서 하는 것입니다. 이것을 속죄제와 속건제(레 6:24-7:10)라고 합니다.

그 다음에는 속죄의 큰 의미를 포함하고 있지만 그것을 바탕으로 해서 자기를 전부 하나님 앞에 드린다는 정신을 더하여서 털끝 하나라도 남김없이 다 태워서 확실히 드리겠다 해서 번제(레 6:8-

13)라는 제사를 드립니다.

그 다음에는 소제(레 6:14-18)가 있는데 평소에 자기가 먹는 떡을 빚는 고운 가루를 드려서 제단에다 놓는 제사입니다. 특별히 순결을 의미하고 매일매일 생활과 매일매일의 자기의 행진, 행보를 하나님 앞에 드린다는 의미가 있습니다. 다른 한편으로 그것은 예수 그리스도의 순결함과 그리스도의 생애를 또한 상징하는 것입니다.

그리고 마지막에는 화목제 혹은 평안제(레 7:11-21)라는 제사를 드립니다. 제물을 가져다가 하나님께 드리면 그것을 전부 태우지 않고, 하나님께서 그 제물을 받으신 것으로 확인한 다음에 하나님께서는 그것을 드린 자에게 주시는데 그러면 드린 자는 하나님 앞에서 자기와 자기 식구들과 함께 앉아서 그것을 먹게 되는 제사입니다. "나의 음식 곧 하나님의 식물을 네가 나에게 드렸는데 내가 참 잘 받았다. 이제 너희도 나하고 함께 먹자" 하시면서 하나님께서 잔치를 베푸셔서 하나님과 사람들 사이에 참된 평화와 기쁨과 화목을 누리는 것입니다. 화해와 교통, 화기애애한 가운데 거룩한 교통을 하는 것이 이 제사의 정점인데 화목제를 드리면 이렇게 하나님께서 충분하게 내려주시는 것입니다.

찬송은 이런 여러 가지 제사의 의미를 다 가지고 있습니다. 희생 즉 속죄의 의미, 순결이라는 의미, 헌상 즉 전적으로 드린다는 의미, 하나님과 기쁨을 나누고 교통한다는 의미를 다 가지고 있습니다.

6. 흠 없는 것으로 드림

모든 찬송이 전부 다 하나님 앞에 직접 드리는 것은 아니지만 하나님 앞에 직접 드리는 찬송도 있습니다. 제사에서 제일 중요한 것이 하나님 앞에 드리는 것이듯이 하나님 앞에 드리는 것이 찬송의 가장 숭고한 임무입니다. 그런고로 예배할 때에 찬송을 함으로써 그 사람의 영혼이 하나님 앞에 절하는 일을 하는 것입니다.

구약의 제사는 하나님께서 정하신 법에 의해서 진행되었습니다. 그 법을 지키지 않고 자기 나름의 생각으로 제사를 드리려 했던 나답과 아비후(레 10:1-2)나 하나님의 궤에 손을 대었던 웃사(삼하 6:6-8)는 곧바로 죽임을 당했습니다. 오늘날 우리는 하나님께 그런 방식의 제사를 드리지는 않습니다. 하지만 찬송은 그런 제사의 정신을 담고 드리는 것이므로 하나님께서 받으실 만한 바른 것이 되어야 합니다.

원래 하나님 앞에 드리는 제물이 흠이 있든지 비루먹었든지 못 쓰게 된 것은 절대로 안 드리는 것입니다(레 22:18-25). 가장 좋은 것을 골라서 드리게 되어 있습니다. 제사를 드리는 제사장도 흠이 없어야 합니다(레 21:16-24). 그러므로 하나님 앞에 직접 드리는 찬미는 어떤 찬송이든 부르면 되는 것이 아니라 그 찬송 자체가 하나님께서 받으실 만한 것으로서 흠이 없어야 합니다.

그래서 우리는 찬송을 부를 때 다른 노래를 부르듯이 함부로 부르지 못하는 것입니다. 온 마음과 정성을 모아서 드리는 것입니다. 바른 자세로 힘을 다해 부르는 것입니다. 또 그렇게 드리기 위해서 열심히 연습도 하고 음악에 대해서 공부하는 것도 필요합니다.

7. 예배 때에는 하나님께 직접 올리는 노래를 드림

예배 때에 부르는 하나님 앞에 직접 드리는 찬송은 하나님을 기쁘시게 하려는 데 집중하는 정신으로 모아져야 합니다. 하나님께 무엇을 구걸하고 하나님 앞에 무엇을 개탄하고 하나님 앞에 무엇을 조르는 내용의 노래를 쓰지 않아야 합니다. 에베소서에 '시와 찬미와 신령한 노래'(엡 5:19)라는 말이 나옵니다. 시 가운데에도 형제를 부르는 시도 있고 다른 사람에게 증거하는 시가 있고 또 하나님 앞에 무엇을 간구하는 시도 있고 감사하는 시도 있습니다. 예배에 적당한 찬송은 그 가사가 하나님의 속성과 영광을 기리고 찬양하는 것이어야 합니다. 예배 자체가 하나님 앞에 직접 절하는 것인 까닭에 그런 찬송이 더 적당한 것입니다.

하나님이 주신 여러 가지 은혜를 생각하고, 주님은 어째서 나에게 이렇게 평안한 마음을 주셨는지 참으로 감사하다는 그런 찬송으로 예배할 것이 아니라 언제든지 하나님 당신의 거룩하심과 또 하나님의 기이하신 지혜와 능력과 거룩함을 찬송하는 시로써 찬송하는 것이 좋습니다. 하나님의 도덕적인 속성 또 하나님의 지혜와 지식과 또 하나님의 그 무소부재(無所不在)와 무소불능(無所不能)하심과 또 하나님이 가지고 있는 편지(遍知)의 사실 등, 이런 독특한 속성들을 언급해서 찬송을 하는 것이 예배시에 적당한 찬송입니다.

개인 개인의 예배도 그렇지만 정식으로 교회가 통틀어서 하나의 예배를 하나님 앞에 드릴 때 교회에서 나오는 하나님을 기리는 소리는 하나님 당신이 직접 들으시라고 울리는 소리가 되어야 하겠습니다.

우리 교회는 다른 교회들이 사용하는 것과는 다른 찬송가를 사용합니다. 다른 교회에서 쓰는 찬송가에는 하나님께 올리는 찬송뿐 아니라 여러 가지 다른 성격의 노래들이 섞여 있어서 예배에 사용하기에 적합하지 않은 곡들이 많이 있기 때문입니다.

8. 곡조도 알맞아야 함

가사뿐 아니라 곡조 자체도 하나님의 숭엄과 하나님의 거룩하심과 또 그 거룩한 보좌의 빛에 알맞은 곡으로 골라서 예배 찬송을 해야 합니다. 그렇지 않고 자기 자신의 탄식이나 무엇을 갈급하게 구하는 것이나 행진곡 풍으로 뚱땅거리는 것이나 흔히 삼박자의 곡에서 볼 수 있는 자꾸 흐느적거리는 곡들은 예배에 적합하지 못합니다. 그런 곡들은 사람의 어떤 감정이나 생각을 나타내기에는 적합할지 몰라도 하나님의 어떠하심과는 차이가 있기 때문입니다.

사람은 어떤 음악을 하면 흥이 나서 그냥 그것에 몰두될 수가 있습니다. 그러나 하나님 앞에 드리는 찬송은 항상 엄숙한 태도, 황공스러운 태도, 그리고 사랑하는 아버지에 대하여 아들로서 가지는 정성, 이런 것들이 다 모여 있어야 합니다. 곡 자체가 항상 그렇게 숭엄하게 사람을 끌고 가는 것이라면 예배 찬송으로서 가장 좋은 것입니다.

9. 자신의 상황을 넘어서 찬송함

우리는 자신의 상황을 넘어서 찬송해야 합니다. 앞에서 우리는 온 마음과 정성을 모아서 찬송을 드려야 한다고 했는데 자신의 마음이 걱정과 근심으로 가득하거나 다른 생각으로 산만한 가운데에서는 바로 찬송을 드리기가 어려운 것입니다. 하지만 그럴지라도 성령님을 의지하여 찬송을 드려야 합니다. 바울과 실라는 옷이 벗겨진 상태에서 매를 맞고 감옥에 갇힌 중에도 찬송을 드렸습니다 (행 16:25-26). 하나님 앞에 기도할 때는 자신의 처지와 자신의 부족을 구체적으로 고하는 것이지만, 찬송은 그 자신의 처지를 넘어서 하나님의 영광과 거룩하신 속성, 엄위나 전능하심에 초점을 맞추고 드려야 합니다. 이것을 생각할 때 자신의 어떤 처지를 핑계삼아 찬송을 게을리 하지 않아야 합니다. 예배할 때나 찬송할 때에는 이런 경계를 항상 마음에 두고 하나님이 어떤 분인지 묵상하는 가운데 잘 준비하여 드려야 할 것입니다.

2000년 11월 22일

답해 보세요

1. 찬송과 예배는 어떤 점이 비슷합니까? 또 찬송은
   어떤 점이 독특합니까?

2. 찬송이 가요나 동요, 고전음악과 무엇이 다릅니까?

3. 찬송은 제사와 어떤 관계가 있습니까?

4. 구약의 제사법에 대해서 이 글에 실린 네 가지를
   찾아 그 의미를 쓰세요.

5. 예배에 사용하는 찬송에 적합한 가사는 어떤 내용
   일까요?

6. 예배에 적합한 곡조는 어떤 것입니까?

7. 사도행전 16:19-40을 읽어보세요.

 • 바울과 실라는 어떤 상황에서 찬송을 드렸습니까?

 • 그 후 어떤 일이 일어났습니까?

 • 우리는 어느 때에 찬송을 드려야 합니까?

주님을 찬송함, NO.1

김홍전,1966

김홍전,1966

주 예수님 오신 날
THEN JESUS CAME

OSWALD J. SMITH.
역 HONG CHUN KIM.

HOMER RODEHEAVER

성구 색인